BIBLIOTHÈQUE D'ÉDUCATION NATIONALE

CHATEAUDUN !

Vue de Châteaudun (d'après une photographi

COLLECTION PICARD

BIBLIOTHÈQUE D'ÉDUCATION NATIONALE

CHATEAUDUN!

(ÉPISODES DE LA GUERRE DE 1870)

PAR

J. B. BERNOT

ANCIEN PRINCIPAL DU COLLÈGE DE CHATEAUDUN
OFFICIER DE L'INSTRUCTION PUBLIQUE

ILLUSTRATIONS DE
NOTOR, F. MASSÉ ET FRAIPONT

PARIS

A. PICARD ET KAAN
ÉDITEURS
11, rue Soufflot, 11

MAURICE DREYFOUS
ÉDITEUR
13, faubourg Montmartre, 13

PRÉFACE

Témoin des événements qui ont tout à la fois affligé et glorifié Châteaudun, je les ai écrits les larmes aux yeux et l'espérance dans le cœur.

L'espérance est la consolation de ceux qui souffrent.

On a besoin de croire à des temps meilleurs qui prépareront la revanche, effaceront d'épouvantables désastres que la prévoyance la plus vulgaire eût empêchés.

Le gouvernement impérial avait été averti et de sa propre faiblesse et des armements formidables de la Prusse. M. Thiers, qui voyait clair dans le présent et dans l'avenir, avait démontré à la tribune de la Chambre des députés que la France n'était pas prête, que notre armée était insuffisamment pourvue, et que, dans de telles conditions, il était imprudent d'engager la lutte.

Mais, pour me servir d'une expression de Bossuet, *les sages sont-ils crus dans ces temps d'emportement* et d'aveugle incurie

> Où règne cet esprit d'imprudence et d'erreur,
> De la chute des rois funeste avant-coureur?

On s'est donc jeté tête baissée dans une guerre, sans préparatifs préalables, sans plan arrêté, la confusion étant partout, la direction intelligente nulle part.

Pour comprendre ce qu'était notre situation morale et matérielle au commencement des hostilités, et dans quel désarroi se trouvait l'administration de la guerre, il faut lire le remarquable rapport de M. A. Herman, directeur des chemins de fer de l'Est, à l'assemblée générale des actionnaires qui eut lieu le 4 novembre 1871.

« Nous avons eu, dit-il, la douleur de cons-
« tater de la part de l'administration de la

« guerre la plus complète imprévoyance. Des « ordres ont été envoyés partout pour diriger « sur l'Est toute l'armée et tout son matériel; « les dépêches ne contenaient aucune autre « indication. L'on ne se demandait pas si les « ordres donnés pourraient être exécutés; l'on « se figurait que l'on peut faire manœuvrer « sur les voies ferrées les wagons comme les « bâtiments sur mer; que l'on peut dégager « immédiatement, sur un simple avis télégra- « phique, des wagons, des trains.

« Si le désordre a été grand au départ, il a « été encore plus grand à l'arrivée.

« Des hommes isolés, des régiments, des di- « visions entières arrivaient à la station qui « leur était indiquée; et là, pas un officier, « pas un sous-officier pour leur faire prendre « une direction quelconque.

« Le matériel arrivait aussi, s'accumulait « dans les gares, et personne pour le rece- « voir, pour le réexpédier à sa véritable desti- « nation.

« 8,500 wagons ont été chargés; nous n'ose- « rions affirmer qu'à l'heure qu'il est (4 no- « vembre 1871) ils sont tous déchargés. »

Quelles devaient être les conséquences d'un pareil état de choses? Hélas! nous les connaissons tous : l'envahissement du territoire, le pillage et l'incendie de nos villes et de nos campagnes, la perte de deux provinces, et cinq milliards de rançon.

Déjà Paris était assiégé, l'ennemi campait sur les bords de la Loire, le tiers de la France avait été saccagé, quand, indigné et sentant le patriotisme déborder de son cœur, Châteaudun, ville ouverte et isolée, essaya cette défense de neuf heures qui rappelle ces époques de l'histoire où le courage luttait par devoir et mourait par héroïsme.

Ayant vécu sept ans dans cette cité laborieuse et patriote, j'ai voulu aussi apporter ma pierre à l'édifice de sa gloire et de sa renommée.

Et quand je vois ses ruines qui se réparent, ses maisons, rasées par l'incendie, qui se relèvent, la vie et l'activité qui renaissent des cendres du 18 octobre 1870, ma pensée inquiète se porte ailleurs, et je soulage la tristesse de mon âme en appliquant à notre pauvre France, qui pleure encore ses provinces perdues, cette devise de la noble cité : *Extincta, revivisco.*

Ainsi que le phénix, je renais de mes cendres.

CHATEAUDUN !

CHAPITRE PREMIER

Prévision. — Arrivée des francs-tireurs de Paris. — Ablis-le-Comte. — Lipowski. — L'attaque. — Brossier-Charlot. — Mme Jarrethout. — Laurentine Proust. — Arthur Déniau.

Les troupes allemandes entrèrent à Orléans le 11 octobre, à sept heures du soir, par suite de la retraite précipitée et inattendue de notre armée, qui ne put ou ne sut garder ses positions.

Est-ce la faute des généraux qui se montrèrent inhabiles ou des soldats qui faillirent ?

L'histoire dira la part qui revient à chacun.

Mais, au lieu de marcher en avant pour délivrer Paris qui attendait, on recula au delà de la Loire, abandonnant à l'ennemi une ville dont il connaissait l'importance, et dont la perte devait avoir pour nous de si funestes résultats.

A partir de ce moment, Châteaudun put se croire menacé, et craindre aussi l'invasion prussienne; car l'ennemi, pour être complètement maître de la Beauce, pour la parcourir en tous sens et y exercer ses brigandages sans être inquiété, avait besoin d'occuper deux points : Chartres, qui se trouve au nord, et Châteaudun, situé au sud.

Indépendamment d'ailleurs des ressources qu'offrait cette dernière ville, conjointement avec les riches villages qui l'entourent, à l'alimentation d'un corps d'armée, elle pouvait encore, par sa situation à l'entrée du Perche, servir de point central pour des opérations ultérieures, si elles devenaient nécessaires. L'ennemi le savait, et personne aujourd'hui n'ignore son habileté merveilleuse à profiter de tous les avantages que lui donnait sa connaissance topographique des lieux qu'il voulait occuper. Dans ce but, il prenait déjà ses dispositions avec cette prudence calculée qui le caractérise et que nous ferons bien, nous Français, d'imiter. Il avait établi un camp à Patay, des postes avancés à Saint-Péravy; et chaque jour ses éclaireurs parcouraient, sondant le terrain, les routes d'Orléans et de Toury, et venaient jusqu'aux portes de Châteaudun.

Ses vues n'étaient plus douteuses, et nous devions être inévitablement attaqués.

Des circonstances particulières, en précipitant l'événement, vinrent lui donner les proportions d'un fait de guerre exceptionnel qui aura sa page à part dans l'histoire de la campagne de 1870.

Les francs-tireurs de Paris, au nombre de huit cents, que leur marche aventureuse, après plusieurs luttes bravement soutenues et quelquefois avec avantage, avait amenés à Tours, où leur compagnie s'était reformée, arrivèrent à Châteaudun le 29 septembre au soir. Ils y furent accueillis avec enthousiasme par une population patriote, qui voyait en eux d'intrépides défenseurs ayant mission d'inquiéter l'ennemi, de le surprendre et de lui faire perdre le plus de monde possible.

Dès le lendemain, avant le jour, ils firent

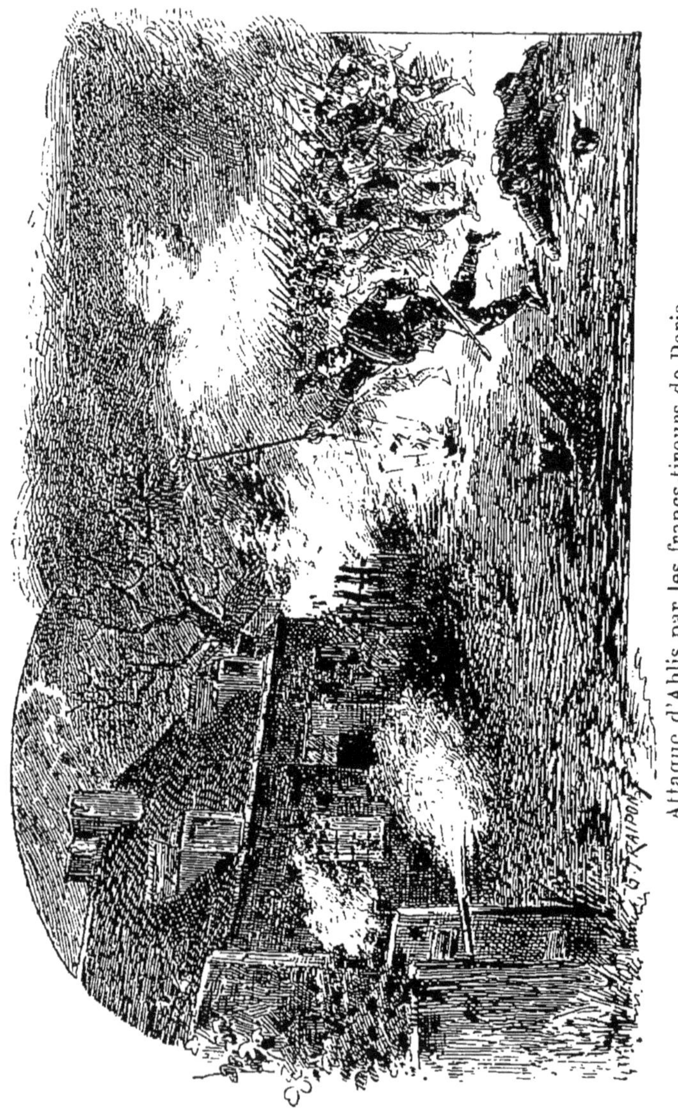

Attaque d'Ablis par les francs-tireurs de Paris.

une reconnaissance sur la route d'Orléans et

repoussèrent un poste avancé qu'ils auraient pu faire prisonnier, s'ils eussent mieux connu les lieux.

Le 8 octobre, à cinq heures du matin, cent vingt d'entre eux tombèrent à l'improviste sur quatre cents Prussiens logés dans Ablis, leur tuèrent une quarantaine d'hommes, firent soixante-neuf prisonniers et prirent quatre-vingt-quatorze chevaux, qu'ils amenèrent à Châteaudun le soir même.

Ces prisonniers restèrent vingt-quatre heures à Châteaudun et furent bien traités, ce que les Prussiens ne firent jamais pour les nôtres.

Ce coup de main des francs-tireurs, aussi hardi qu'heureux, exaspéra l'ennemi.

Il fit retomber toute sa fureur sur ce malheureux petit bourg, qui fut impitoyablement incendié. Quatorze de ses habitants, faits prisonniers, furent sur le point d'être fusillés sous l'odieux et hypocrite prétexte qu'on avait prévenu les francs-tireurs. C'était là un mensonge à la prussienne. Les habitants d'Ablis, loin d'avoir été de connivence avec les francs-tireurs, ce qui d'ailleurs eût été bien permis, cachèrent, soit par peur, soit par humanité, dans des greniers, dans des armoires, un certain nombre d'Allemands, qui échappèrent ainsi ou à la mort ou à la captivité. Quant aux quatorze habitants d'Ablis, ils furent remis en liberté sur la menace du préfet de Chartres de faire fusiller les soixante-neuf Prussiens qu'on avait pris.

Châteaudun devait bientôt ressentir le contre-coup de cette expédition. Il avait logé à leur passage les prisonniers et leurs chevaux, manifesté à plusieurs reprises des velléités de défense et, de plus, reçu dans ses murs les francs-tireurs, objet de haine et d'exécration de la part des Prussiens.

C'en était assez pour faire considérer Châteaudun comme un centre de résistance qu'il importait de détruire au plus tôt, afin de jeter l'épouvante dans l'esprit des populations, et d'empêcher un soulèvement qui pouvait devenir général et arrêter dans sa marche l'armée envahissante.

En prévision d'une attaque prochaine, et avec intention de résister, des barricades avaient été élevées dans toutes les rues de la ville, qui, indépendamment de la garde nationale, avait dans ses murs le corps des francs-tireurs de Paris, deux escadrons de hussards et un bataillon de mobiles de Loir-et-Cher. De plus, pour mieux assurer la défense, des murs servant de clôture avaient été crénelés. Il avait été aussi question de faire des redoutes avancées pour la prémunir contre un mouvement tournant de l'ennemi et le tenir à distance.

Le temps et les hommes avaient manqué; peut-être aussi l'intervention des autorités civiles paralysa-t-elle ces dispositions stratégiques.

Mais, le 12 au soir, toutes ces troupes, à la nouvelle que l'armée prussienne marchait en nombre considérable et avec artillerie sur Châteaudun, se replièrent par ordre vers Courtalin. On désarma une partie de la garde nationale; l'autre partie, les plus ardents, refusèrent de livrer leurs armes, regardant comme une honte et une lâcheté de se laisser envahir sans résistance.

Ce sentiment énergique et publiquement manifesté porta le conseil municipal à se faire l'interprète d'un désir téméraire, mais patriotique, et à assumer sur lui la responsabilité de rappeler les troupes pour défendre la ville.

Les francs-tireurs seuls revinrent; et leur commandant, le comte Lipowski, s'étant, à son arrivée, investi d'un pouvoir absolu, fit afficher la proclamation suivante :

« VILLE DE CHATEAUDUN

« Le commandant supérieur des francs-ti-
« reurs, en prenant le commandement de
« Châteaudun, fait savoir aux habitants qu'il
« a fait hier, 12 octobre, la proposition sui-
« vante :

« Défendre Châteaudun jusqu'à la dernière
« extrémité.

« Il donnait une demi-heure aux autorités
« de la ville pour lui faire connaître leur dé-
« cision.

« M. le sous-préfet, au nom de la ville, a
« rapporté la réponse suivante : « Que l'on ne
« se défendrait pas, afin de ne pas exposer la
« ville au pillage et à l'incendie. »

« Le commandant, qui, partout où il a passé,
« a levé en masse la garde nationale et les ha-
« bitants, désavoue complètement le désar-
« mement de la garde nationale de Château-
« dun.

« **Châteaudun, le 13 octobre 1870.**

« *Le commandant des francs-tireurs*
« *de la ville de Paris,*

« Comte Ernest de Lipowski. »

Quelques instants après, le maire, au nom du conseil municipal, répondait en ces termes à cette proclamation :

« AUX HABITANTS DE CHATEAUDUN

« Au milieu des événements graves et dou« loureux que traverse le pays, la concorde « entre tous les citoyens devient de plus en « plus nécessaire.

« Aussi, pour ne pas la troubler, la munici« palité de Châteaudun se fait un devoir de « s'abstenir de toute discussion ou justifica« tion de ses actes, qui n'ont d'autre objet que « l'intérêt de la ville.

« Pour le conseil municipal,

« *Le maire :* LUMIÈRE. »

Ce conflit entre l'autorité militaire et l'autorité civile, qui craignait les suites d'une résistance où l'on succomberait, s'arrêta à cette réponse sage et modérée. Le public n'en fut pas ému, et son attention se porta tout entière sur les événements qui devaient l'impressionner davantage, parce qu'ils touchaient à des intérêts plus graves, puisqu'ils allaient décider du sort d'une ville et de ses habitants.

Cependant, l'ennemi, grâce au système d'espionnage qu'il avait si bien organisé, recevait dans la nuit du 12 octobre des informations, sinon complètes, du moins en partie exactes. Il croyait les francs-tireurs partis et la garde nationale entièrement désarmée. Car le 13 au matin des uhlans, s'étant avancés jusqu'à Jallans, distant de deux kilomètres, demandèrent si la garde nationale de Châteaudun était désarmée et si les troupes avaient quitté la ville.

Le 15 et le 16 octobre, de vagues rumeurs circulaient. On disait que tout un corps d'armée marchait sur Châteaudun.

Le matin même du 18, entre cinq et six heures, le messager d'Orgères, fait prisonnier quelques jours auparavant et relâché ensuite, rapporta à son retour de Patay, où il avait été conduit et maltraité, que les Prussiens lui avaient dit qu'ils viendraient ce même jour bombarder Châteaudun au nombre de six cents.

Dès les sept heures du matin, j'eus connaissance de cette nouvelle, qui n'avait pas encore été propagée ; et je savais d'un autre côté que les francs-tireurs s'attendaient à recevoir l'ordre de quitter la ville vers dix heures pour se replier sur Vendôme.

Je conduisis le messager d'Orgères auprès du commandant Lipowski, afin de lui faire connaître, s'il ne le savait déjà, la menace de l'ennemi et la situation critique du moment.

Mon récit parut l'impressionner, et je crus m'apercevoir qu'il n'était pas fâché de cette circonstance, qui lui faisait un devoir de rester et d'attendre.

En effet, vingt minutes après, un officier des francs-tireurs, Chabrillat, que je logeais chez moi, vint me dire : *Nous restons.*

L'événement justifia trop bien la déclaration du messager. Mais, au lieu de six cents, les Prussiens arrivèrent douze mille, avec vingt-quatre pièces de canon et des mitrailleuses, plus six mille hommes de réserve, en cas de besoin.

Vers midi, sans sommation, sans déclaration préalable, comme ces voleurs de grand chemin qui viennent surprendre la proie qu'ils convoitent, leur présence fut signalée dans la plaine, à droite et à gauche de la route de Beaugency, où déjà leurs lignes se développaient. Ils prenaient leurs positions sous le commandement du général Witisch.

A cette nouvelle : *Les Prussiens sont à la gare!* toute la ville est en tumulte; les femmes crient et se sauvent; les hommes courent aux armes. Curieux de voir l'ennemi, j'accours moi-même par la rue d'Orléans jusqu'au passage à niveau du chemin de fer, d'où l'on découvrait tous ses mouvements.

Derrière moi, et des premiers, arrivaient à la hâte une poignée de francs-tireurs, conduits par le lieutenant Chabrillat. Quand ils passèrent à mes côtés, l'ardeur dans le cœur et dans les yeux, j'entendis le brave lieutenant crier à ses hommes : « Mes amis, aux canons! aux canons! » Cinq minutes après, leurs positions étaient prises et le feu commençait. A une heure, l'ennemi tirait son premier coup de canon.

Mais on voyait chez lui, malgré sa force numérique et son artillerie, une sorte d'hésitation : on eût dit que l'ardeur des nôtres lui inspirait des craintes. Il s'avançait lentement, dissimulant sa marche, autant qu'il le pouvait, dans des plis de terrain, ou derrière soit un mur, soit une haie, et n'osant pas aborder hardiment un point quelconque de la défense pour en faire l'assaut et s'en emparer de vive force.

Les assiégés, cependant, n'avaient à opposer à ce corps d'armée que leurs barricades, neuf cents francs-tireurs et environ trois cents gardes nationaux, mais tous animés de ce patriotisme qui exalte les courages, pousse à la résistance, et qui faisait de chacun d'eux un Spartiate aux Thermopyles.

Pendant plus de neuf heures, on se défendit énergiquement, et sur plusieurs points avec avantage, malgré la supériorité du nombre, la mitraille, les boulets et les obus qui tombaient, dru comme grêle, dans tout le périmètre de la ville.

Les francs-tireurs, avec leurs chassepots à longue portée, — les gardes nationaux n'avaient que des fusils à piston, — ajustaient de préférence les artilleurs ennemis, qui furent, derrière Montdoucet, plus de trois quarts d'heure avant de pouvoir établir leurs pièces.

Là, ils leur firent éprouver des pertes considérables et tuèrent un capitaine d'état-major, frère du capitaine Buchfinik, dont nous parlerons tout à l'heure.

A deux heures environ, le feu commence à prendre à quelques maisons du quartier Saint-Valérien, dont le clocher, où des francs-tireurs s'étaient embusqués, visant l'ennemi presque à coups sûrs, est criblé de projectiles.

L'incendie se propage, poussé par un vent du sud-est ; mais ses progrès sont moins dus aux ravages causés par les obus qu'à l'absence des habitants ou à l'impossibilité où l'on se trouvait, faute d'eau, de l'éteindre dès le début.

Vers sept heures, les défenseurs de la barricade de la rue de Chartres, croyant qu'ils étaient tournés, se replièrent et donnèrent passage à l'ennemi, qui se précipita dans la ville en poussant d'horribles hourras.

La résistance n'en continua pas moins intrépide, vigoureuse. Les rues devinrent un champ de bataille où l'on se fusilla à bout portant de part et d'autre, mais avec des pertes énormes du côté des Prussiens. Comme ceux-ci arrivaient par masse, les balles des chassepots faisaient dans leurs rangs d'effroyables trouées.

Les francs-tireurs de Nantes, au nombre de cent vingt, réunis depuis quelques jours à ceux de Paris, s'étaient signalés dans le combat par des prodiges de valeur.

Obligés, eux aussi, de se replier, ils arrivent *trente* par la rue d'Angoulême sur la place,

Charge des francs-tireurs de Nantes sur la place de l'Hôtel de ville.

qu'ils trouvent envahie. Ils n'hésitent pas. Après une décharge meurtrière, ils s'élancent, la baïonnette en avant, et au cri de *Vive la France!* tuent ou dispersent jusque dans la rue de Chartres tout ce qu'ils rencontrent devant eux. Le sol est littéralement couvert de cadavres prussiens, tandis qu'eux n'ont pas perdu un seul homme.

C'est un des plus beaux faits d'armes de cette journée, qui en compte tant. Il sauva la vie à un garde national, fait prisonnier, et qui allait être fusillé à côté d'un franc-tireur qui venait de l'être.

Une charge semblable et non moins vigoureuse eut lieu une demi-heure après environ, dans la rue de Chartres, par les francs-tireurs de Paris, accompagnés de gardes nationaux. Un nouveau flot d'envahisseurs s'avançait nombreux et compact. Les francs-tireurs, qui traversaient la place en ce moment, l'aperçoivent. Ils se précipitent avec fureur sur cette masse, la rompent, la forcent à reculer et la poursuivent jusqu'à la barricade, où la fuite est si précipitée, le désordre si grand, que les fuyards s'entretuent eux-mêmes à coups de baïonnette en voulant franchir l'obstacle.

Dès avant l'action, à cette même barricade

de la rue de Chartres, se trouvait M. Brossier-Charlot, placé là en sentinelle comme garde national.

Un devoir de consigne l'y avait mis ; un devoir de citoyen l'y retint au milieu d'un groupe de francs-tireurs accourus pour défendre ce côté de la ville.

Déjà le combat s'était engagé sur toute la ligne.

Debout dans un angle et l'œil au guet, M. Brossier-Charlot attend avec l'intrépidité d'une âme qui se possède l'arrivée de l'ennemi.

Celui-ci, après avoir franchi la gare et essuyé nos premiers feux à l'extrémité de l'avenue Florent-d'Illiers, croyant surprendre la barricade, s'avance en colonnes lourdes et serrées, et en silence, dissimulant sa marche le long du mur du clos de Bel-Ébat. Mais ses baïonnettes, qui dominent le mur, l'ont trahi ; on les a aperçues, et M. Brossier-Charlot, la main sur la gâchette de son fusil, s'apprête à faire feu.

Les trois premiers ennemis qui paraissent tombent successivement sous ses trois premières balles. Les autres reculent et se replient, n'osant affronter à découvert l'aspect de cet homme, prêt à faire de nouvelles victimes, si elles se présentent au bout de son arme.

Cette bravoure eut sa récompense; M. Brossier-Charlot, mis à l'ordre du jour, reçut la décoration de la Légion d'honneur.

Là encore, comme si cette rue eût dû réunir tous les genres de courage, s'accomplirent d'autres actes d'héroïsme, que l'histoire ne peut passer sous silence.

Une femme, cantinière des francs-tireurs de Paris, Mme Jarrethout, qui s'était distinguée déjà dans l'affaire d'Ablis, fit des prodiges de valeur en portant des munitions aux barricades et en donnant des soins aux blessés qu'elle emportait sur son dos quand ils ne pouvaient pas marcher. Ni les balles, ni les obus ne l'empêchèrent de remplir sa tâche toute de dévouement et d'abnégation. En reconnaissance des nombreux services qu'elle rendit pendant la campagne de 1870-1871, le gouvernement lui remit la croix de chevalier de la Légion d'honneur le 12 juillet 1880.

Une jeune fille, nommée Laurentine Proust, âgée de dix-huit ans, et née dans l'échoppe d'un sabotier, montra ce que peut le patriotisme, animé des plus généreux sentiments du cœur.

Avec un sang-froid admirable, pendant toute la durée du combat, elle n'a cessé de porter aux défenseurs de la barricade des munitions, qu'elle allait chercher à l'hôtel de ville.

Un franc-tireur, blessé grièvement, tombe au milieu de ses compagnons. Laurentine Proust le relève, le prend dans ses bras et le transporte, plutôt qu'elle ne le soutient, jusqu'au lieu où il doit recevoir les premiers secours.

Honneur à toi, brave jeune fille, digne, par le cœur et le haut sentiment du devoir, de la médaille d'or que le gouvernement t'a décernée un peu tard, il est vrai ; mais que de dévouements inconnus restés sans récompense !

La durée du combat avait fatigué nos hommes. Pendant neuf heures de résistance héroïque et sans trêve, ils n'avaient pris ni nourriture, ni repos, tandis que l'ennemi se renouvelait sans cesse et réparait ses pertes.

L'inégalité des forces devenant de plus en plus sensible, vers neuf heures et demie, plusieurs compagnies de francs-tireurs commencent à battre en retraite et se retirent par le Mail sur la route de Brou, la seule qui, à cette heure, fût ouverte.

Une cantinière, Mme Jarrethout, et Laurentine Proust relevaient les blessés, sous une pluie de balles.

Les autres compagnies se replient successivement avec la garde nationale, laissant quelques-uns des leurs, les plus ardents, continuer jusqu'à minuit, vers Saint-Gilles, une résistance devenue impossible, mais utile pour protéger une retraite glorieuse que l'ennemi n'eut pas le courage d'inquiéter.

Parmi ces derniers se trouvait un collégien de quinze ans, Arthur Déniau, dont le nom mérite de figurer dans ce récit comme un exemple mémorable de patriotisme et de courage.

Dès le début de l'attaque, il se présente aux francs-tireurs postés vers Saint-Gilles avec un vieux fusil de chasse de son père et demande à combattre.

« Qu'allez-vous faire avec ce mauvais fusil?
« lui dit un franc-tireur. Autant prendre un
« bâton creux et souffler dedans. Tenez, voilà
« un chassepot, si vous savez vous en servir.
« — Merci, dit le jeune homme, je le prends
« et je connais cela. Depuis trois ans j'en ap-
« prends au collège le maniement, et je ne
« suis pas un novice. Laissez-moi faire. » Et il se met à tirer sur les cavaliers ennemis qui arrivent, avec une précision qui étonne. Il ne quitta la place qu'avec ses derniers défenseurs.

Mais, rendu furieux par les pertes qu'il avait subies, l'ennemi put à ce moment se répandre en toute sécurité dans la ville pour y exercer sa rage de bête féroce sur les habitations et sur des citoyens sans armes qui n'avaient pas fui, qui n'avaient pas pris part à la défense.

CHAPITRE II

Horrible sac de la ville. — La fuite. — Le lendemain du siège. — Le capitaine Buchfinik. — Honneurs rendus à Châteaudun.

Ici, c'est l'horreur qui se présente, mais l'horreur dans tout ce qu'elle a de plus sauvage et de plus inhumain. On frémit à la pensée des atrocités commises.

Pour retrouver un spectacle semblable à celui que nous avons eu sous les yeux dans cette nuit de destruction sans miséricorde et sans remords, de brigandage sans pudeur, il faudrait remonter aux époques les plus reculées de la barbarie, aux Huns et aux Vandales. Le sac des villes par les hordes d'Attila et par celles non moins farouches de Genséric peut seul donner une idée de ce que fut Châteaudun quand l'invasion prussienne s'y fut installée.

Par les ordres et sous la direction de ses officiers, la soldatesque, comme un torrent, se répand dans les rues, tire à travers les croisées, enfonce à coups de hache les portes qui

Les portes, les fenêtres sont enfoncées à coups de hache.

résistent, et, au moyen de torches et de pétrole, allume partout l'incendie.

Dans quelques maisons encore habitées, elle se fait servir à boire et à manger, et, quand elle est bien repue, elle y met le feu.

Des officiers d'un grade élevé entrent à l'hôtel du *Grand-Monarque*, demandent également à boire et à manger, et, quand ils sont ivres, ils incendient la maison, malgré les pleurs et les supplications à genoux de M. et de Mme Sénéchal.

Plusieurs personnes, dont je ne puis suspecter le témoignage, m'ont assuré que la voiture contenant le pétrole portait le drapeau des ambulances.

La cruauté alla plus loin.

Des propriétaires, le pistolet sous la gorge, ont été contraints de mettre eux-mêmes le feu à leurs maisons et d'être ainsi, sous peine de mort, les instruments de leur propre ruine.

Dans la rue de Chartres, on frappe à la porte d'un vieux capitaine en retraite ; il ouvre, et on lui passe une baïonnette à travers le corps.

Un vieillard, qui n'a pu fuir, est impitoyablement brûlé dans son lit, malgré ses cris et ses prières.

Dix personnes sont asphyxiées dans leurs caves, d'autres égorgées en voulant s'échapper.

Une femme impotente et couchée n'échappe à la mort que par le dévouement et l'énergie de sa fille, qui l'arrache aux flammes et aux mains des soldats d'un roi qui se disait l'Élu de Dieu.

Je ne parle pas de beaucoup d'autres personnes qui moururent après le bombardement des émotions reçues, des terreurs éprouvées.

Et, au milieu de cette désolation, de ces toits qui s'effondrent, de ces flammes qui tourbillonnent, et dont la vue porte l'épouvante à plus de quarante kilomètres, s'élèvent les hourras du vainqueur, qui continue jusqu'au matin, avec l'acharnement du tigre sur sa proie, son œuvre de destruction, et deux princes étaient là qui y présidaient, le prince Albert et le prince de Saxe (1), contemplant avec une satisfaction marquée le spectacle d'une ville que l'incendie dévore. Jamais la force brutale ne se joua avec plus de cruauté et d'insolence des droits de l'humanité. Les Prussiens disent : « La force prime le droit; la guerre, c'est la guerre. » Avec de pareils principes, l'homme n'est plus un homme. Il

(1) Certaines personnes ont attribué le bombardement et la prise de Châteaudun à un corps de Bavarois; les Prussiens eux-mêmes aimaient à accréditer cette opinion, honteux sans doute d'un fait d'armes qui ne rehausse pas leur gloire. La présence du prince Albert et du prince de Saxe démontre la fausseté de cette opinion.

n'y a plus en lui qu'un instinct de brute qui détruit sans remords, qui tue sans besoin.

La lutte était terminée ; mais elle coûta cher à l'ennemi, dont les pertes sont évaluées à plus de deux mille cinq cents hommes. Pour les dissimuler, il enleva rapidement ses morts dans la nuit du 18 et la matinée du 19, et les enterra dans différents endroits, jusqu'à huit kilomètres de Châteaudun. Les assiégés eurent cinquante-sept hommes tués et soixante-quatorze blessés (1).

Pendant que s'accomplissait ce lugubre drame, que devenait la population qui ne prenait point part au combat, les femmes, les enfants, les vieillards?

Pour échapper aux projectiles, elle était descendue dans les caves, y attendant avec anxiété et dans des angoisses inexprimables la fin de cette triste, mais immortelle journée.

Déjà, quelques jours auparavant, bon nombre de personnes avaient quitté Châteaudun par crainte des événements qui se préparaient.

Mais le 18, au premier coup de canon, une panique indescriptible s'empara des esprits timides qui n'avaient pas fui.

(1) Voir page 146.

Alors commença, au milieu du plus grand désordre et des plus vives émotions, une longue émigration par Saint-Jean et Saint-Denis-les-Ponts, chacun emportant tout ce qui n'était pas une charge trop lourde ou trop embarrassante pour la fuite. Le feu de l'ennemi l'arrêta, car il n'y eut bientôt plus d'issue par où l'on pût fuir sans danger.

Mais quand la nuit fut arrivée, entre dix heures et minuit, l'émigration recommença plus nombreuse et plus pressée : les caves n'étaient plus un abri sûr. Pour se soustraire à l'incendie, il fallait fuir.

La population presque entière s'échappa, comme elle put et en silence, à la lueur des flammes, à travers la vallée du Loir, les vignes, les bois, les champs, selon que l'instinct de la conservation poussait les uns d'un côté, les autres de l'autre, craignant à tout instant les balles prussiennes. Chacun emportait ce qu'il avait pu sauver ou pensé à sauver, car le temps de la réflexion n'était possible à personne, et, dans ces moments de terreur, on n'avait guère la pensée du lendemain.

On vit des femmes du peuple à peine vêtues, des dames sans chaussures et tête nue marcher éperdues à travers la campagne, dont une pluie fine et persistante détrempait le sol et rendait la marche plus difficile et plus lente. Les ténèbres de la nuit, au milieu desquelles l'incendie répandait ses lueurs sinistres, ajoutaient encore à l'horreur de la situation. Tout inspirait des craintes à l'imagination frappée : un arbre, un buisson, un objet quelconque étaient pris pour des êtres vivants, pour des ennemis qui s'avançaient sur vous.

Dans la matinée du mercredi 19 octobre, la route de Logron à Brou était encore couverte d'une foule de personnes de tout âge, de tout sexe, qui avaient marché toute la nuit et qui gémissaient, chacun suivant sa nature impressionnable, sur leur malheur actuel et sur le sort plus cruel encore que leur réservait l'avenir.

La plupart s'imaginaient encore être poursuivis par les uhlans, de l'approche desquels le bruit se répandait, et l'on forçait le pas, et l'on s'épuisait de fatigue et de sueur, croyant toujours avoir l'ennemi derrière soi.

Où allait cette multitude désolée, qui n'avait pas mangé depuis vingt-quatre heures ?

La plupart n'en savaient rien ; on marchait devant soi, sans savoir où l'on s'arrêterait. On voulait fuir, certain qu'on trouverait quelque part un asile et des sympathies.

En effet, ni l'asile, ni les sympathies n'ont manqué. Partout, on trouva de bonnes âmes, prêtes à vous accueillir, qui offrirent aux pauvres émigrants des consolations, des espérances, et, ce qui valait mieux, des moyens de continuer leur route, s'ils le voulaient.

Nogent-le-Rotrou en reçut un grand nombre, ainsi qu'Arrou, la Bazoche, Droué, Montdoubleau. On se dissémina dans le Perche, que l'on croyait à l'abri de l'ennemi On se trompait. Quelques semaines plus tard, le Perche, comme la Beauce, était envahi et saccagé.

A Châteaudun, tout n'était pas fini.

Le mercredi 19 octobre, à sept heures du matin, les Prussiens tiraient encore sur les hommes qui avaient l'imprudence de se montrer.

Des gardes nationaux qui se rendirent furent fusillés sans miséricorde. D'autres, au nombre de quatre-vingt-dix-sept, furent faits prisonniers, sans distinction d'âge ni de condition, et tels qu'ils furent trouvés chez eux ou dans la rue, en habit civil ou de garde national, et, ce qui mit le comble à cette hypocrite et ignominieuse conduite, ceux-là même qui vinrent pleins de confiance, sur la réquisition qui en fut faite, apporter leurs armes à la mairie (1).

Il fallait à tout prix des prisonniers pour constater la brillante victoire de dix-huit mille hommes sur douze cents.

Les quatre-vingt-dix-sept prisonniers furent emmenés hors de la ville et parqués, les pieds dans l'eau, sur un terrain boueux et mouvant, gardés par un cordon prussien, l'arme au bras et le fusil chargé, jusqu'à ce qu'ils fussent dirigés sur Orléans, où ils arrivèrent le soir, exténués de fatigue, et n'ayant pas pris de nourriture depuis trente-six heures.

Aucun d'eux n'avait d'argent, et, assurément, ils seraient tous morts de faim, sans le hardi dévouement et la généreuse assistance de l'évêque, M. Dupanloup, qui s'empressa d'aller les voir et de leur distribuer des aliments, malgré la consigne prussienne, qui défendait, sous peine de mort, de les visiter.

Un professeur du collège, rentrant chez lui après le combat, fut pris pour un franc-tireur et allait être fusillé. Adossé contre un mur

(1) Parmi les prisonniers, se trouvaient MM. Duchanoy, ancien maire de la ville; Pillette, suppléant du juge de paix; le fils de M. Morelli, conservateur des hypothèques; Raimbert-Beaugrand, etc.

avec vingt autres citoyens, il attendait, résigné, ce qu'on allait décider de lui.

Sa qualité de professeur, pour laquelle, il faut le dire, les Prussiens avaient un certain respect, le sauva, mais lui valut l'apostrophe suivante :

« Vous, professeur! lui dit un officier d'une « voix sinistre et menaçante ; eh bien ! je ne « vous en fais pas mon compliment. Vous êtes « un assassin ! »

Traiter d'assassin un père de famille qui défend sa femme, ses enfants, ses foyers ! N'est-ce pas outrageusement méconnaître le droit naturel, ce droit qui appartient à tous les hommes de repousser par la force l'ennemi qui nous attaque, qui nous vole, qui pille nos maisons, qui détruit et incendie nos propriétés ?

Roi Guillaume, si ce sont là les théories nouvelles inventées par vos philosophes, prenez garde qu'un jour elles ne tournent contre vous, et que de terribles représailles ne vous apprennent, à vous ou à vos enfants, qu'on ne viole pas impunément la loi humaine !

Vous prétendez représenter Dieu sur la terre, vous invoquez son nom dans toutes vos proclamations. Écoutez ce que ce Dieu dit aux rois dans son Écriture :

« *Sanctificate bellum; sanctificate arma.*
« Sanctifiez la guerre; sanctifiez vos armes. »

Or, on ne sanctifie ni la guerre, ni les armes, en ne laissant derrière soi que la ruine et la désolation.

Et cependant, dans votre proclamation du 8 août, vous disiez :

« Nous respecterons les propriétés et les ci-
« toyens, car nos soldats sont disciplinés. Ils
« viennent avec la civilisation, et pas un seul
« n'y faillira. »

L'histoire, qui juge les souverains et leurs actes, saura donner à votre civilisation le nom qu'elle mérite. Écoutez :

Quand, du fond de l'Arabie, s'élança, pour la conquête du monde, un peuple réputé sauvage, voici les paroles que lui adressa son chef suprême :

« Guerriers, arrêtez-vous un instant et écou-
« tez bien ce que je vais vous dire pour le
« temps de la guerre : Combattez avec bra-
« voure et loyauté! N'usez jamais de ruse ni
« de perfidie envers vos ennemis; ne mutilez
« pas les vaincus; ne tuez ni les vieillards, ni
« les enfants, ni les femmes; ne détruisez pas

« les palmiers; ne brûlez pas les moissons;
« ne coupez pas les arbres fruitiers.

« Vous trouverez sur votre route des hom-
« mes vivant dans la solitude et dans la mé-
« ditation; ne leur faites aucun mal ni au-
« cune injure. »

Ces conseils du calife Aboubekre, promulgués il y a plus de douze siècles, sont dignes de remarque, plus dignes encore d'être rapportés; car ils ont été suivis avec une scrupuleuse exactitude.

Il s'est donc trouvé au temps de la barbarie plus d'humanité chez les musulmans qu'il n'y en a eu chez un peuple chrétien à notre époque de civilisation si avancée.

Pour satisfaire l'avidité des soldats et, disons-le, des chefs, un pillage général de deux heures, mais qui en dura six, fut ordonné dans le quartier de la Madeleine, resté intact.

Il se fit avec cette rapacité tudesque qu'accompagne toujours chez ces gens-là la passion de détruire. Peu de maisons furent épargnées; bon nombre furent littéralement saccagées. Ce que le Prussien n'emportait pas (c'était le mot d'ordre), il le brisait : meubles, glaces, tableaux, objets d'art, en un mot, tout ce qui avait quelque valeur était enlevé ou détruit;

rien ne fut respecté, pas même nos écoles, qui subirent le sort commun.

Cinquante chevaux furent parqués dans les classes du collège, transformées en écuries. Les appartements du principal furent envahis par cette ignoble soldatesque, qui arracha des meubles et des placards tous les objets qui s'y trouvaient, les dispersa dans les pièces, en fit un choix et emporta tout ce qui fut à sa convenance : chemises d'homme et de femme, gilets de flanelle, bas, mouchoirs, sucre, café, etc., et jusqu'à des robes de jeune fille, laissant à la place, comme elle le fit partout ailleurs, son linge sale et pouilleux.

D'autres, des officiers peut-être, pénétrèrent dans le cabinet de physique en enfonçant une cloison, prirent les instruments qui leur plurent et brisèrent une partie des piles.

Pour justifier leur brigandage, les Prussiens disent : C'est la guerre!

Les Vandales disaient aussi : C'est la guerre!

Pendant que ce pillage s'opérait, un capitaine du nom de Buchfinik, qui venait visiter ses chevaux, adressa au concierge du collège cette ironique insolence :

« Vous devez être bien humilié, n'est-ce

« pas? de voir le pied de mes chevaux fouler « le pavé de vos classes! »

Ce n'est pas celui qui subit l'insulte qui doit être humilié, mais bien celui qui la fait, et qui la fait avec le cynique orgueil d'un vainqueur qui outrage un vaincu : sachez cela, monsieur Buchfinik!

L'Hôtel-Dieu (d'après une photographie).

En souillant nos classes de vos chevaux, en vous emparant de vive force du collège, sans respect pour une jeunesse paisible, qui pouvait s'y croire à l'abri de toute atteinte, vous vous êtes placé au-dessous de ces barbares du quatrième siècle qui, plus humains, ont épargné les écoles et les bibliothèques, les considérant comme des lieux d'asile et de protection.

Mais voyez les vicissitudes des choses humaines! quelques heures plus tard, ce même capitaine qui venait de se montrer si impertinent, était ramené par le malheur à des sentiments plus sympathiques. Lui aussi avait été frappé par la guerre dans ses affections de famille, qui le forcèrent à en déplorer les cruelles conséquences.

Il venait d'apprendre, dans la journée, que son frère, capitaine d'état-major, avait reçu la veille un coup de feu dont il était mort. Cette perte l'affligea profondément. Il ne voulut pas quitter Châteaudun sans avoir donné la sépulture au défunt, dans un lieu où ses restes pourraient être retrouvés après la guerre et ramenés près de la famille.

Pour accomplir, comme il le désirait, ce devoir funèbre, il avait besoin d'un concours qu'il ne trouvait pas parmi les siens, et ce fut au collège même qu'il s'adressa.

A dix heures du soir, il vint prier, avec mille témoignages de reconnaissance, le professeur de troisième, qu'il prit pour le principal, de vouloir bien consentir à l'accompagner jusqu'au cimetière, et à être l'exécuteur des pieuses dispositions que lui dictait son attachement fraternel. M. Chalmel, celui-là même qui le matin, dans la rue, avait été traité d'assassin, oubliant qu'il avait en face de lui un ennemi à qui il ne devait rien, à qui il était en droit de reprocher le vol et l'incendie dont il venait d'être une des nombreuses victimes, profita de la circonstance pour montrer à ce Teuton radouci l'humanité et la générosité du caractère français. Non seulement il accompagna le capitaine Buchfinik jusqu'à la tombe de son frère, mais il consentit encore à y faire mettre une croix pour marquer la place où ses restes avaient été déposés.

Les Prussiens séjournèrent environ trente-six heures à Châteaudun, sur les ruines qu'ils avaient faites. Ils le quittèrent le 20 au matin, pour se diriger sur Chartres, qu'ils occupèrent le 21, vers quatre heures du soir, sans coup férir. Avant de partir, ils imposèrent à la municipalité de Châteaudun de dures contributions de guerre. Elles sont relatées dans le document officiel suivant :

Réunion et délibération du conseil municipal.

« L'an mil huit cent soixante-dix, le mer-

« credi dix-neuf octobre, le conseil municipal « s'est réuni d'urgence à l'hôtel de ville, à huit « heures du matin, sous la présidence de « M. Lumière, maire. . . . .
. . . .
. . . .

« Sont présents à la séance d'aujourd'hui, « indépendamment de M. le maire, MM. Gouin, « adjoint, Anthoine, Guyard, Lestrade, Moi- « sant et Pointdedette. M. le sous-préfet est « introduit et assiste à la séance. .

« M. Guyard est élu secrétaire.

« Après une démarche faite par M. le sous- « préfet, M. le maire et les membres ci-dessus « nommés du conseil municipal, auprès du « général prussien, installé à la gare du che- « min de fer, un colonel de hussards, se di- « sant commandant de place de Châteaudun, « s'est rendu à l'hôtel de ville auprès du corps « municipal.

« Il remet à M. le maire la liste des réquisi- « tions de guerre imposées à la ville par l'ar- « mée ennemie et qui devront être livrées au- « jourd'hui à deux heures.

« Ces réquisitions consistent en :

« 1,500 couvertures;

« 100 kilos de sel;

« 100 kilos de café;

« 400 litres d'eau-de-vie;

« 20,000 litres d'avoine.

« M. le maire répond à cette communication « qu'en l'état actuel de la ville, incendiée et dé- « truite en partie, et par suite du pillage exercé « dans une foule de maisons de commerce, « il est impossible de déférer à ces exigences.

« Une commission est néanmoins désignée « et chargée de rechercher dans quelle me- « sure il pourrait être satisfait aux réquisi- « tions imposées.

« Cette commission est composée de « MM. Gouin et Pointdedette, qui s'occupent « immédiatement de la mission à eux confiée.

« Une très faible partie des réquisitions a « été livrée et remise à l'armée; elle se com- « pose de :

« 110 couvertures;

« 100 kilos de sel;

« 100 kilos de café.

« Le commandant de place exige en outre « que les fonds se trouvant dans les caisses de « l'État soient mis à la disposition de l'armée « prussienne, et qu'un conseiller municipal « accompagne les officiers de l'intendance « dans leurs recherches.

« M. Guyard est désigné pour assister à cette « opération.

« Des perquisitions ont été faites aux « caisses :

« Du receveur particulier des finances ;

« Du percepteur de Châteaudun ;

« Du percepteur de Marboué ;

« Du receveur de l'enregistrement et des « domaines ;

« Et du receveur des postes.

« Ces perquisitions, faites dans les différentes « caisses par deux officiers de l'intendance « prussienne, accompagnés de M. Guyard, « ont produit une somme de quatre francs « soixante-onze centimes, trouvée dans les « bureaux du percepteur de Marboué.

« A la rentrée des membres du conseil dans « la salle de leurs séances, M. le maire leur « communique une nouvelle demande du « commandant de l'armée prussienne, qui « exige qu'une somme de deux cent mille « francs lui soit versée, aujourd'hui même, en « espèces, à six heures du soir au plus tard, « sous peine de mesures violentes.

« Une commission, composée de M. le maire « et de MM. Anthoine, Guyard et Lestrade, est « chargée de recueillir, s'il est possible, tout

« ou partie de la somme nécessaire au paie-
« ment de cette contribution.

« Les nombreuses démarches faites auprès « du très petit nombre d'habitants restés dans « la ville par cette commission produisent une « somme de cinquante-deux mille francs, réa- « lisable, en partie seulement, aujourd'hui « même.

« Le conseil décide que, cette somme cons- « tituant une avance faite au milieu d'é- « preuves douloureuses par des citoyens dé- « voués, la commune prend l'engagement de « la rembourser à chacun des prêteurs avec « intérêt au taux de cinq pour cent par an.

« A six heures précises, des officiers de l'in- « tendance prussienne se présentent à l'effet « d'encaisser les deux cent mille francs exi- « gés de la commune comme contribution de « guerre, et, après des pourparlers avec M. le « maire, qui explique l'impossibilité absolue, « pour la ville, de réunir, ce soir, plus de « trente-deux mille francs, ils consentent à « recevoir cette somme, dont ils donnent « quittance, à la condition de toucher demain « jeudi, à deux heures, une autre somme de « vingt mille francs comme complément pour « solde de la contribution imposée, réduisant

« ainsi, sur l'insistance du conseil, cette con-
« tribution au chiffre de cinquante-deux mille
« francs.

« Ils se retirent ensuite. » . . . . . .

. . . .

. . . .

Les Prussiens étant partis le jeudi matin, ces vingt mille francs ne leur furent pas versés.

Ils ne les ont pas réclamés depuis, bien qu'ils aient plus tard réoccupé Châteaudun.

Y eut-il un acte de générosité envers une ville à moitié détruite et qui s'était défendue bravement? L'ennemi fut-il pris de ce sentiment de compassion, réveil de l'âme, qui gémit sur les nécessités de la guerre et en adoucit les horreurs? Nous n'osons le croire, tant l'instinct de rapine est inhérent au tempérament prussien, tant sa vengeance s'est montrée féroce et implacable.

Ce que nous savons, c'est qu'il avait pour système de demander d'abord beaucoup pour effrayer sa victime et connaître ses ressources, et de rabattre ensuite, si l'on discutait, de ses prétentions.

C'est ainsi qu'on l'a vu, dans nos campagnes

envahies, imposer à de petite localités des contributions de guerre de dix et douze mille francs, et se contenter de deux mille francs et moins qu'on lui offrait.

Deux cent soixante-trois maisons devinrent la proie des flammes, mais huit seulement furent détruites, faute de secours, comme je l'ai dit, par l'éclat des obus et les fusées incendiaires. C'est donc deux cent cinquante-cinq maisons que la main de l'ennemi a incendiées pendant la nuit du 18 octobre et la journée du 19, appliquant avec toute la froideur calculée du principe politique allemand : le droit, c'est la force, le *væ victis* des temps barbares. En outre, un grand nombre d'édifices publics ont été atteints et plus ou moins endommagés par les projectiles.

Ce sont :

L'hôtel de ville;

L'hôtel de la sous-préfecture;

L'Hôtel-Dieu.

L'Hôtel-Dieu fut traversé par un obus qui éclata, sans toucher personne, dans la salle des malades, et presque entre les jambes du médecin de service. Et cependant le drapeau blanc flottait au haut de l'édifice et se voyait très bien des lignes prussiennes.

Ruines de la rue d'Angoulême, devant le cimetière, après l'incendie et le bombardement (d'après une photographie).

L'église de la Madeleine ;
Le collège ;
La caserne de gendarmerie ;
La fontaine monumentale de la place ;
Le tribunal civil ;
Le clocher de Saint-Valérien ;
La gare du chemin de fer.

Le 20 octobre, le quartier le plus riche et le plus commerçant de cette petite ville, naguère si coquette et si propre, est presque anéanti. La mort a remplacé la vie.

Il y a des rues où il reste à peine une maison debout. Quand on y passe, le cœur se serre à la vue de ces débris de murs sans toits, de ces pignons noircis et calcinés, présentant, les uns, de vastes baies causées par la chute des poutres et des plafonds ; les autres, de longues coupures irrégulières qui vont du faîte jusqu'au sol, dessinant une suite informe d'amas de pierres en ruines où le feu couvait encore six semaines après le bombardement.

C'est la barbarie qui a passé par là.

A l'angle des rues de Chartres et de Bel-Air, les deux rues qui ont le plus souffert, était une maison de belle apparence, appartenant à M. Moisant, médecin vétérinaire et membre du conseil général. Quelques jours après le bombardement, passant devant ces ruines encore fumantes, l'idée me vint d'y pénétrer pour me rendre plus exactement compte des ravages de l'incendie. Le feu y avait tout détruit.

J'aperçus une feuille de papier, à demi brûlée, voltigeant sur ces débris au gré du vent, comme les choses humaines au gré de la destinée. Je la ramassai et j'y lus ce qui suit :

SOUS-PRÉFECTURE
DE
CHATEAUDUN
(EURE-ET-LOIR)

« *Châteaudun, le* 11 *octobre* 1870.

« M. Moisant, conseiller général à Châteaudun, ayant une délégation de M. le préfet d'Eure-et-Loir, est autorisé à prendre toutes les mesures nécessaires pour surveiller et organiser la défense.

« *Le sous-préfet de Châteaudun,*

« Signé : ÉMILE MILOCHAU. »

Étrange ironie du sort qui, de cette vaste maison, n'avait respecté que ce document officiel, souvenir et témoignage écrit des efforts qu'on avait voulu tenter pour la résistance. Dans la même rue, ce jour-là, on voyait encore, suspendue au premier étage, sur la tablette d'une cheminée, une pendule qui semblait intacte et encore en mouvement. Le toit, les cloisons, les murs, tout s'était écroulé autour d'elle, et rien ne l'avait touchée.

La défense héroïque de Châteaudun eut un retentissement universel.

A Berlin, on en parla peu.

La prise d'une ville ouverte, défendue pendant plus de neuf heures par douze cents hommes, dont trois cents gardes nationaux n'ayant que des fusils à piston, contre tout un corps d'armée muni d'une puissante artillerie, n'avait rien de glorieux pour les troupes allemandes.

Mais les journaux de l'Europe, notamment le *Times*, la célébrèrent comme le plus beau fait d'armes de la campagne.

Dès le 20 octobre, la délégation de Tours rendait le décret suivant :

« La délégation du Gouvernement de la dé-
« fense nationale établie à Tours,

« Considérant que la petite cité de Château-
« dun, ville ouverte, a résisté héroïquement

« pendant plus de neuf heures, dans la jour-
« née du 18 octobre, aux attaques d'un corps
« prussien de plus de cinq mille hommes (1),
« qui n'a pu réussir à l'occuper qu'après l'a-
« voir bombardée, incendiée et presque totale-
« ment réduite en cendres;

« Considérant que, dans cette mémorable
« journée, la garde nationale sédentaire de
« Châteaudun s'est particulièrement distin-
« guée par son énergie, sa contenance et son
« patriotisme, à côté du corps des braves
« francs-tireurs de la ville de Paris;

« Considérant qu'il y a lieu de signaler à la
« France, par un décret spécial du gouverne-
« ment, le noble exemple donné par la ville de
« Châteaudun aux villes ouvertes exposées aux
« attaques de l'ennemi, et de subvenir aux
« premiers besoins de la population, chassée
« de ses demeures par l'incendie et les obus
« prussiens;

« Décrète :

« Art. 1er. La ville de Châteaudun a bien mé-
« rité de la patrie.

(1) On a su, depuis, que le nombre des assiégeants était de dix-huit mille hommes, dont six mille de réserve, comme nous l'avons dit précédemment.

« Art. 2. Un crédit de cent mille francs est « ouvert au ministère de l'intérieur pour aider « la population de Châteaudun à réparer les « pertes qu'elle a subies à la suite de la belle « résistance de la ville aux Prussiens dans la « journée du 18 octobre 1870.

« Art. 3. Les ministres de l'intérieur et des « finances sont chargés, chacun en ce qui le « concerne, de l'exécution du présent décret.

« Fait à Tours, le 20 octobre 1870.

« L. GAMBETTA, AD. CRÉ-
« MIEUX, AL. GLAIS-BI-
« ZOIN, L. FOURICHON. »

Quelques jours après, le maire de Paris prenait l'arrêté suivant :

« Le maire de Paris,

« Vu le décret par lequel la délégation du « gouvernement à Tours déclare que la ville « de Châteaudun a bien mérité de la patrie;

« Considérant que le général Trochu, gou- « verneur de Paris, président du Gouverne- « ment de la défense nationale, demande à la « ville de Paris de consacrer aussitôt, par une

« inscription commémorative, le souvenir de « l'héroïque défense de la ville de Châteaudun;

« Considérant que ce vœu répond aux sen- « timents unanimes d'admiration que la ré- « sistance patriotique et valeureuse des ci- « toyens de Châteaudun a rencontrés dans la « population de Paris;

« Arrête :

« Art. 1er. La rue dite *rue du Cardinal Fesch* « (neuvième arrondissement) portera désor- « mais la dénomination de *rue de Château-* « *dun*.

« Art. 2. Le secrétaire général de la mairie « de Paris est chargé de l'exécution du pré- « sent arrêté.

« Fait à Paris, le 26 octobre 1870.

« *Le maire de Paris*,
« ÉTIENNE ARAGO. »

Le 4 novembre 1870, M. Henri de Bornier lisait, à la matinée donnée par le Théâtre-Français en l'honneur de l'héroïque petite ville, les strophes suivantes, que l'auteur, en février 1871, nous autorisait gracieusement à publier et à insérer dans notre travail :

CHATEAUDUN

I

Elle a voulu mourir! Dans la grande détresse,
Parmi nos pleurs, parmi ces deuils que nous menons,
Rien ne la défendait, ni tours, ni forteresse,
Ni mitrailleuses, ni canons;

Vivre, elle le pouvait sans honte et sans reproche;
Sa rançon, au vainqueur elle pouvait l'offrir;
De plus forts ont cédé lorsque l'orage approche;
Mais non : elle a voulu mourir!

Pour sauver ses coteaux tout murmurants d'abeilles,
Ses pommiers rougissants sur les flots verts du Loir,
Ses modestes trésors, ses vignes et ses treilles,
Elle n'avait qu'à le vouloir!

Elle a voulu mourir, l'humble ville stoïque!
Son sol se refusait aux pas de l'étranger;
Elle avait pour vertu sa démence héroïque,
Voyant l'affront, non le danger.

Elle est morte! L'obus, la mitraille, la bombe
Ont fauché ses maisons ainsi que des blés mûrs,
Mais du moins l'ennemi, s'il en fit une tombe,
N'a pas humilié ses murs!

II

Ah! juste ciel! après nos fautes, nos délires,
Nos fièvres de jadis et notre orgueil jaloux,
Embrassons les pieds froids de ces cités martyres,
Car elles ont payé pour nous !

O Paris! souviens-toi des vingt ans de démence
Où tu disais : « Je suis le temple universel,
« La ville où tout finit, la ville où tout commence,
« Malgré Dieu j'ai refait Babel!

« Le monde m'appartient, puisqu'à moi vient le monde,
« Mon caprice est sa loi, mes ordres sont ses vœux;
« J'offre à tous et le noble et le pur et l'immonde,
« Et tout est bien, car je le veux! »

Hélas! en étalant ta splendeur imprudente,
Tu ne te disais pas, confiant et vainqueur,
Que déjà s'allumait la jalousie ardente
Et la haine dans plus d'un cœur;

Tu ne te doutais pas qu'une main lente et sûre,
Habile aux trahisons, perfide sans remord,
Sous tes fausses grandeurs sondait mieux la blessure
Et déjà méditait ta mort!

Mais Paris ne meurt pas! Trompant leur espérance,
Te voilà devant eux plus terrible et plus beau ;
Ils pensent déchirer la robe de la France
Jour à jour, lambeau par lambeau.

Mais tu sais racheter ton ancienne faiblesse,
Tu te plains de ne pas encore assez souffrir,
Tandis qu'autour de toi le lâche destin laisse
Tant de nobles villes mourir!

Tu sauras les venger! Tout affront se répare;
Tu sortiras bientôt de l'ombre triomphant,
Et l'on verra soudain le joug qu'on te prépare
Brisé comme un jouet d'enfant!

En attendant, pleurons sur nos martyrs sublimes,
Sur ces héros tombés pour la gloire de tous;
Invoquons, invoquons l'âme de ces victimes,
Afin qu'elle revive en nous!

Vénérons à jamais leur tombeau comme un temple;
Qu'ils entendent nos voix pieuses les bénir;
Donnons à l'avenir leurs vertus en exemple,
Au présent, comme à l'avenir!

Adoptons cette ville autrefois si prospère,
Adoptons, empressés à ce commun devoir,
Ces vieillards sans enfants et ces enfants sans père,
Ces veuves au fier désespoir.

De leur malheur afin qu'on puisse nous absoudre,
Donnons à pleines mains ce qui nous reste d'or,
Et relevons du moins ceux qu'a frappés la foudre,
Nous que la foudre épargne encor!

HENRI DE BORNIER.

Maintenant que les faits sont connus, que nous les avons rapportés tels qu'ils se sont passés sous nos yeux et d'après les témoignages les plus authentiques, revenons aux circonstances qui les ont produits, et qui naquirent naturellement d'une situation où le hasard, comme dans toutes les choses humaines, devait jouer son rôle.

La municipalité et le comité de défense qui fonctionnait depuis le 11 octobre voulaient bien qu'on repoussât par la force ces coureurs ennemis désignés sous le nom de uhlans; mais il avait été décidé qu'il n'était ni sage, ni prudent de résister à une armée régulière un peu nombreuse.

Dans ce but, et pour éviter à la ville les suites d'un combat inégal, on avait essayé de désarmer la garde nationale, dont les ardents murmurèrent, regardant cette mesure comme antipatriotique et suggérée par la peur.

Toute sage qu'était cette mesure peut-être, son adoption ne pouvait détourner les dangers dont la ville était menacée. Elle n'eût pas empêché l'ennemi, qui gardait le souvenir de l'affaire d'Ablis, d'attaquer Châteaudun et de l'occuper.

C'est alors que le commandant des francs-tireurs, profitant de cette disposition des esprits, prit en main toute l'autorité locale et déclara qu'il défendrait Châteaudun jusqu'à la dernière extrémité.

Assurément, sans cette déclaration et sans les francs-tireurs, Châteaudun n'aurait pas fait de résistance; il aurait subi forcément et par esprit de conservation locale les nécessités de la situation. Le sort de deux petits villages voisins, Varize et Civry, que l'ennemi avait cruellement incendiés quelques jours auparavant, lui avait donné à réfléchir sur ce qui lui était réservé, et n'avait pas laissé que de jeter dans l'esprit même des francs-tireurs une certaine hésitation, où dominait toutefois un sentiment de vengeance et un vif désir de se signaler.

Mais, une fois entraîné dans la lutte, le devoir parla plus haut que les intérêts particuliers, et Châteaudun fit bravement le sacrifice des siens. Il savait bien qu'il succomberait; mais il fallait donner un exemple, et il le donna.

Si, en dehors des francs-tireurs et de la garde nationale, il est un nom qui ne doit pas être omis, c'est celui du maire de Châteaudun.

Au milieu des circonstances périlleuses où se sont trouvées un si grand nombre de personnes, M. Lumière a été particulièrement admirable de sang-froid et d'active énergie.

Représentant les intérêts de la cité, il n'a

Le Tribunal civil (d'après une photographie).

cessé de veiller à leur conservation, sans jamais manquer au devoir que lui dictait le sentiment de la patrie en danger.

Il sut se prêter à la situation sans faiblesse, sans engager trop loin une responsabilité qui aurait pu paraître imprévoyante.

Toute la journée du 18, il resta à l'hôtel de ville, qui fut l'un des points les plus exposés aux projectiles de l'ennemi, occupé à éteindre l'incendie qui eût dévoré sans lui tout l'édifice : il y était encore quand les Prussiens, envahissant sa maison, le cherchaient partout pour le fusiller.

A onze heures du soir, il voulut rentrer chez lui : il y fut reçu à coups de fusil, qui, heureusement, ne l'atteignirent pas. Obligé de s'éloigner, il erra, à la lueur de l'incendie, pendant quelque temps, dans les rues non encore occupées, jusqu'à ce qu'une porte à demi ouverte lui permit d'entendre une voix amie qui lui offrit un asile.

Le lendemain, quand il fit jour, il n'hésita pas à se présenter devant les autorités prussiennes, et si alors la moitié de la ville fut épargnée, on le doit à la fermeté sage et tempérée de son caractère.

Dans cette même journée du 18, et pendant la lutte, alors que le conseil municipal, réuni à l'hôtel de ville, délibérait, un obus vint tomber au milieu de la salle et éclata.

M. Lemay, adjoint au maire, fut blessé à la tempe et transporté presque sans connaissance dans une maison voisine, où des soins lui furent prodigués.

Sa blessure, quoique grave chez un vieillard de plus de soixante-dix ans, n'eut pas les conséquences fâcheuses qu'on avait pu craindre d'abord.

CHAPITRE III

Passage de troupes allemandes. — Réquisitions nombreuses. — Proclamation du général von der Tann. — Nouvelle de la capitulation de Metz.

Les Prussiens quittèrent précipitamment Châteaudun le jeudi matin, 20 octobre.

On eût dit qu'ils avaient honte de rester plus longtemps au milieu de leurs morts et sur les ruines qu'ils avaient faites.

Mais le lendemain, de très bonne heure, quatre d'entre eux reparurent tout à coup.

C'étaient quatre traînards qui avaient couché dans quelque ferme du voisinage et qui cherchaient à rejoindre leur corps.

Cette apparition inattendue, vingt-quatre heures après le départ de l'armée allemande, causa une grande panique. On crut que Châteaudun allait être encore occupé, et le pillage, l'incendie, les réquisitions venaient naturellement se présenter à l'esprit d'une population terrifiée par les exécutions et les désastres des jours précédents.

La nouvelle s'en répandit le jour même de proche en proche jusque dans le Perche, et bon nombre de personnes émigrées qui rentraient ou se disposaient à rentrer, impatientes de savoir ce qui restait de la ville héroïque, rebroussèrent chemin ou attendirent.

Mais cette panique dura peu, et chacun s'empressa de revenir : les uns, pour retrouver leurs maisons debout, mais saccagées ; les autres, pour gémir sur des ruines qui ne pouvaient pas les abriter.

Le 26 octobre, des hussards bleus du camp de Patay apparaissent au jour sur la place. Ils sont cent cinquante, commandés par quatre officiers, qui demandent un déjeuner pour eux et cent cinquante rations pour leurs hommes.

Ils viennent en reconnaissance ; ils veulent savoir où est notre armée de la Loire, dont les avant-postes se trouvent à Cloyes, à Brou, à la Bazoche-Gouet. Toute la journée, ils en-

Les ruines de la rue d'Orléans après l'incendie et le bombardement (d'après une photographie).

voient des patrouilles dans toutes les directions, et repartent vers trois heures de l'après-midi, après avoir donné un récépissé de ce qu'ils ont pris et remercié la municipalité.

Après leur départ, le bruit se répand que, le lendemain, ils doivent revenir et s'emparer de tous les hommes valides de vingt-cinq à quarante ans pour les emmener en Prusse, ou les employer à creuser des tranchées.

Ce bruit était ridicule, mais il trouva d'autant plus créance, et bon nombre d'hommes prirent la fuite pendant la nuit.

Ce qui fit dire avec esprit à une dame : « Le « 18 octobre, toutes les femmes ont fui; au-« jourd'hui, c'est le tour des hommes. »

Le 29, cent vingt hussards bleus se présentent vers dix heures du matin à la mairie et demandent cent vingt rations de pain, de vin et de sel.

Ils repartent vers trois heures, après de nombreuses patrouilles envoyées sur toutes les routes. Ils paraissent peu rassurés. Nous ne le sommes guère plus.

Nous n'avons ni journaux, ni nouvelles, comme si nous vivions séquestrés du reste du monde; nous ne savons rien de ce qui se passe : situation qui donne lieu à mille bruits contradictoires, les uns jetant l'alarme dans les cœurs; les autres, l'espérance.

On dit que notre armée marche, et qu'on s'attend d'un jour à l'autre à une grande bataille autour d'Orléans. Tout le monde fait des vœux pour la patrie.

Le 31, encore la visite des hussards bleus. Il est huit heures et demie du matin. Ils apportent à l'hôtel de ville, avec ordre, sous la responsabilité du maire, de la faire afficher, la dépêche suivante, qui est accompagnée d'un appel au peuple français :

« Une dépêche officielle de Versailles donne « les nouvelles suivantes :

« Hier soir, Metz a capitulé.

« Trois maréchaux, six mille officiers, cent « soixante-treize mille hommes ont été faits « prisonniers.

« La forteresse s'est rendue.

« Orléans, le 28 octobre 1870.

« Le baron DE TANN,
« *Général de l'infanterie.* »

—

« Citoyens français,

« Comme je voudrais, autant qu'il est en

« mon pouvoir, alléger le sort de la popula-
« tion atteinte par les maux de la guerre, je
« m'adresse à son bon sens, dans l'espoir que
« la sincérité de mes paroles ne manquera pas
« de lui ouvrir les yeux sur l'état des choses,
« et de la déterminer à se ranger du côté du
« parti raisonnable et désireux de faire la paix.

« Votre gouvernement *destitué* (pour dé-
« chu) a déclaré la guerre à l'Allemagne.

« Jamais déclaration de guerre n'a été plus
« frivole. Les armées allemandes ne purent
« faire autre chose que d'y répondre en pas-
« sant la frontière.

« Elles remportèrent une victoire après
« l'autre, et votre armée, victime d'un sys-
« tème de mensonge et de démoralisation, fut
« presque anéantie complètement.

« Un autre gouvernement succéda. On espé-
« rait qu'il rétablirait la paix ; il n'en fut rien;
« et pourquoi?

« Il craignait de se rendre impossible, et
« préféra, sous prétexte que les conditions
« proposées par les armées allemandes n'é-
« taient pas acceptables, continuer une guerre
« qui ne peut mener qu'à la ruine de la
« France.

« Et quelles sont les conditions de l'armée

« victorieuse que l'on n'a pas cru pouvoir ac-
« cepter?

« La restitution des provinces qui ont ap-
« partenu à l'Allemagne, et où la langue alle-
« mande est encore aujourd'hui celle qui do-
« mine dans les villes, ainsi qu'à la campagne,
« proprement dit l'Alsace et la Lorraine alle-
« mande.

« Cette prétention est-elle exagérée? Quelles
« prétentions la France victorieuse aurait-elle
« faites?

« On vous a dit que le but de l'action des
« armées allemandes était celui d'abaisser la
« France. C'est simplement un mensonge, in-
« venté pour exciter les passions de la grande
« masse.

« C'est au contraire votre gouvernement
« qui, par sa manière d'agir, attire de force
« les armées allemandes dans le cœur de la
« France, y amène la ruine, et parviendra, s'il
« insiste, à abaisser de fait la belle France, qui
« pourrait être la meilleure amie de la même
« nation qu'elle a forcée de la combattre.

« **Orléans, le 13 octobre 1870.**

« *Le général d'infanterie*,
« Baron DE TANN. »

Dans son langage tudesque, M. le baron de Tann est-il de bonne foi? Croit-il sincèrement qu'une paix entre la Prusse et la France puisse

LÉON GAMBETTA
Membre du gouvernement de la Défense nationale.

être solidement établie sur les bases proposées par Bismarck?

« Dicter des conditions injustes ou trop

« dures, c'est inviter à les enfreindre, quand « l'occasion s'en présente. Il n'y a que la jus- « tice et la modération qui désarment les « haines et sachent gagner les cœurs (1). »

Mais cette guerre d'extermination et de massacres que fait le roi de Prusse, au mépris du droit sacré des nations et des sentiments d'humanité, ces incendies qu'une cruauté froide et méthodique répand partout, qui mettent des milliers de citoyens, des vieillards, des femmes, des enfants, sans abri, au milieu des plus grandes rigueurs de l'hiver, sont-ce là des choses propres à éveiller des sympathies, à faire naître dans une âme française des idées de paix et d'union, et non pas des émotions de rage et de désespoir qui doivent tôt ou tard faire explosion et crier : « Vengeance! Vengeance! »

Le même jour, vers une heure, un bulletin, imprimé à Nogent-le-Rotrou, signé : Crémieux, Glais-Bizoin et Gambetta, et contresigné : Labiche, préfet d'Eure-et-Loir, annonce la capitulation de Metz et la trahison de Bazaine, qui, selon la dépêche, avait encore sous ses ordres cent vingt mille hommes.

(1) Mably, *Observations sur l'histoire de France.*

BULLETIN DÉPARTEMENTAL DU LUNDI 31 OCTOBRE 1870

RÉPUBLIQUE FRANÇAISE

LIBERTÉ — ÉGALITÉ — FRATERNITÉ

PROCLAMATION AU PEUPLE FRANÇAIS

« Français!

« Élevez vos âmes et vos résolutions à la « hauteur des effroyables périls qui fondent « sur la patrie!

« Il dépend encore de nous de lasser la mau- « vaise fortune et de montrer à l'univers ce « qu'est un grand peuple qui ne veut pas périr « et dont le courage s'exalte au sein même des « catastrophes.

« Metz a capitulé!

« Un général sur qui la France comptait, « même après le Mexique, vient d'enlever à la « patrie en danger plus de cent mille de ses « défenseurs.

« Le maréchal Bazaine a trahi!

« Il s'est fait l'agent de l'homme de Sedan,

« le complice de l'envahisseur! Et, au mépris « de l'honneur de l'armée dont il avait la « garde, il a livré, sans même essayer un su- « prême effort, cent vingt mille combattants, « vingt mille blessés, ses fusils, ses canons, « ses drapeaux, et la plus forte citadelle de la « France, Metz, vierge jusqu'à lui des souil- « lures de l'étranger! Un tel crime est au- « dessus même des châtiments de la jus- « tice.

« Et maintenant, Français, mesurez la pro- « fondeur de l'abîme où vous a précipités « l'Empire!

« Vingt ans, la France a subi ce pouvoir « corrupteur qui tarissait en elle toutes les « sources de la grandeur et de la vie.

« L'armée de la France, dépouillée de son « caractère national, devenue, sans le savoir, « un instrument de règne et de servitude, est « engloutie, malgré l'héroïsme des soldats, « par la trahison des chefs, dans les désastres « de la patrie.

« En moins de deux mois, deux cent vingt « mille hommes ont été livrés à l'ennemi : si- « nistre épilogue du coup de main militaire « de décembre!

« Il est temps de nous ressaisir, citoyens,

« et, sous l'égide de la République, que nous « sommes bien décidés à ne laisser capituler « ni au dedans ni au dehors, de puiser dans « l'extrémité même de nos malheurs le rajeu- « nissement de notre moralité et de notre vi- « rilité politique et sociale.

« Oui : quelle que soit l'étendue du dé- « sastre, il ne nous trouve ni consternés, ni « hésitants. Nous sommes prêts aux derniers « sacrifices, et, en face d'ennemis que tout fa- « vorise, nous jurons de ne jamais nous ren- « dre, tant qu'il restera un pouce du sol sacré « sous nos semelles; nous tiendrons ferme le « glorieux drapeau de la Révolution française. « Notre cause est celle de la justice et du « droit : l'Europe le sent.

« Devant tant de malheurs immérités, spon- « tanément, sans avoir reçu de nous ni invita- « tion ni adhésion, elle s'est émue, elle s'a- « gite.

« Pas d'illusions! Ne nous laissons ni alan- « guir ni énerver, et prouvons par des actes « que nous voulons, que nous pouvons tenir « de nous-mêmes l'honneur, l'indépendance, « l'intégrité, tout ce qui fait la patrie libre et « fière.

« Vive la France!

« Vive la République une et indivisible !

« *Les membres du gouvernement*,
« *Signé* : CRÉMIEUX, GLAIS-BIZOIN,
« GAMBETTA.

« *Le préfet d'Eure-et-Loir*,
« ÉMILE LABICHE.

« **Nogent-le-Rotrou, 30 octobre, 4 heures du soir.** »

A la lecture de ce bulletin, tout le monde est dans la stupeur. On n'avait pas cru à la dépêche du général von der Tann. Des groupes se forment ; on ne s'aborde que la consternation sur le visage et la douleur dans l'âme. L'histoire du monde n'offre pas un exemple de circonstances aussi désastreuses et de trahisons aussi lâches et aussi honteuses.

Un maréchal de France qui capitule avec cent vingt mille hommes ! On ne peut y croire.

J'ai besoin de me rendre à la sous-préfecture pour m'assurer de l'authenticité de cette triste nouvelle. J'y vais avec deux honorables citoyens que je rencontre sur la place et qui partagent mes sentiments.

Le sous-préfet nous donne la preuve que la dépêche vient du gouvernement par la comparaison qu'il fait des caractères typographiques du bulletin qui les contient et de ceux des bulletins précédents ; en effet, ils ont la même disposition, la même forme et jusqu'aux mêmes défauts. Le doute n'est plus possible, et nous sortons de chez le sous-préfet, accablés.

La capitulation de Metz fut la conséquence de la capitulation de Sedan.

Dans l'une et l'autre, les chefs responsables montrèrent la même lâcheté de cœur, la même dégradation morale, la même insensibilité aux cris de douleur d'une nation qui voyait son territoire envahi et ravagé.

CHAPITRE IV

Passage de l'armée française. — Arrivée du général von der Tann et de son armée. — Le général est logé à la sous-préfecture. — Le baron Unterrichter. — Le lieutenant supérieur Otto Schmitt.

Le 1er novembre, cent vingt hussards bleus viennent s'assurer que la dépêche du baron de Tann a été affichée et qu'elle est restée intacte.

Leur visite est d'ailleurs à peu près quotidienne.

Le 6, vers onze heures du matin, arrivent, sans être attendus, environ deux mille hommes de troupes françaises : chasseurs à cheval, mobiles, francs-tireurs, commandés par le colonel Lipowski.

Ils viennent surprendre les hussards bleus.

Des mobiles s'embusquent sur la route d'Orléans à l'abattoir ; des francs-tireurs, à la ferme de Vilsain, entre la route d'Orléans et celle de Toury, à un kilomètre de la ville.

A l'heure accoutumée, les cent vingt hussards s'avancent tranquillement sans défiance vers Châteaudun ; quelques-uns marchent à pied à côté de leurs chevaux.

Tous devaient être tués ou faits prisonniers.

L'imprudence d'un mobile, qui tira trop tôt, les avertit du danger : ils s'enfuirent à toute bride.

Seulement, une décharge des francs-tireurs en abattit une trentaine, dont un officier.

Le 10, arrivent dans la matinée des troupes françaises au nombre d'environ quinze mille.

Quatre cent cinquante sont logés dans les classes et les dortoirs du collège.

Comme ce corps d'armée n'avait pas été annoncé, le pain vint à manquer. Ce ne fut que vers deux heures que l'approvisionnement put être complet et que chaque homme eut sa ration.

Le 11 au matin, la nouvelle se répand qu'Orléans a été évacué la veille par les troupes allemandes, qui ont failli être enveloppées par les nôtres ; leur nombreuse et active cavalerie les sauva en les prévenant à temps du danger où elles se trouvaient.

Ce même jour, quinze cents mobiles du Gers arrivent pleins d'entrain et parfaitement équipés.

L'église de Saint-Valérien (d'après une photographie).

Dans la nuit du 12 au 13, vers minuit, toutes ces troupes quittent la ville et marchent en avant; elles se dirigent, partie sur Bonneval, partie par la route d'Orléans et celle de Toury.

On pense qu'elles doivent converger leurs

mouvements sur Chartres et en chasser l'ennemi pour, de là, marcher sur Paris.

L'enthousiasme est grand dans la population ; l'espérance revient au cœur, accompagnée des vœux les plus ardents.

Cependant, quelques personnes, jugeant mieux les choses et de plus loin, hochent la tête.

Notre armée, quoique nombreuse, ne leur inspire qu'une médiocre confiance, faute de l'habitude des armes et du manque d'exercice. Le soldat se plaint et accuse ses chefs ; les chefs accusent le soldat. J'ai entendu dire à un colonel : « Je ne connais pas mes soldats ; « que voulez-vous que fasse un chef, quand il « ne connaît pas ses hommes ? » Ni chez les uns, ni chez les autres, on ne sent cette ardeur, ces dispositions belliqueuses qui présagent de grands succès.

On se plaint aussi de l'intendance, qu'on trouve imprévoyante, et dont le service ne se fait pas avec assez de régularité. Souvent les vivres n'arrivent pas, ou arrivent tard, ou sont distribués après de longues heures d'attente. Le soldat, fatigué et mécontent, murmure ; les murmures engendrent les soupçons ; les soupçons, la défiance et le découragement ; et nos désastres successifs, se joignant à ces dispositions malheureuses, amèneront bientôt, pour justifier ces défaillances, le mot fatal de trahison.

C'est qu'alors, malgré l'activité du gouvernement républicain, les ressources de toutes sortes, en matériel et en finances, manquaient, l'Empire n'ayant rien laissé pour organiser la résistance. Improviser une armée, quand l'ennemi occupait le tiers de la France, n'était pas une œuvre facile. Le génie même y eût succombé.

Et cependant, parmi nos troupes, il y avait de braves cœurs qui supportaient sans se plaindre les privations les plus dures, prêts à sacrifier leur vie pour sauver la patrie, ou du moins pour alléger ses douleurs.

Le 13, proclamation de Gambetta aux troupes. Il a visité Orléans, et a félicité l'armée d'un premier succès qui en présage d'autres, et l'encourage à marcher sur Paris.

A partir de ce jour, grand passage de troupes à Châteaudun.

Le 22, les douze mille hommes qui campaient dans la ville et aux alentours depuis quelques jours se portent en avant, et, dans l'après-midi, le bruit circule avec une certaine vraisemblance que Nogent est occupé par les Prussiens, et que ceux-ci marchent sur Châteaudun par Brou.

Dans la crainte d'une surprise, quelques francs-tireurs et des mobiles, restés comme arrière-garde, élèvent des barricades dans le faubourg Saint-Jean.

A cette vue, l'épouvante se met dans la population de la ville et des faubourgs, dont une partie prend la fuite. Mais bientôt, par ordre, les barricades sont défaites et la tranquillité renaît.

En effet, rien ne justifiait les inquiétudes. L'intendance militaire, qui devait, en cas de danger, se replier, recevait l'ordre de rester à Châteaudun, et les voitures d'approvisionnement ne quittèrent point la place où elles stationnaient.

Les troupes campées vers Bonneval conservèrent leurs positions. Des éclaireurs et des troupes partent dans la direction de Brou pour donner l'éveil en cas d'attaque de ce côté.

Mais la prise de Nogent-le-Rotrou n'est que trop certaine. Un corps bavarois occupe cette ville, ainsi qu'Othon et la Bazoche-Gouet.

Comment a-t-on pu laisser ainsi pénétrer l'ennemi dans un pays si facile à défendre?

C'est ce que bien des personnes se demandaient.

Le Perche, qui borne la Beauce à l'ouest, est une contrée couverte de bois, de haies et de ravins, éminemment propre à la guerre d'embuscades et de partisans. Quelques milliers de francs-tireurs, bien conduits, bien résolus, pouvaient arrêter une armée et l'exterminer.

On ne sut pas profiter d'un terrain si favorable, où un petit corps de troupes disséminées et invisibles, se reliant entre elles pour se prêter main-forte en cas de besoin, auraient été plus redoutables à l'ennemi que de gros bataillons.

J'ai entendu raconter par un capitaine d'état-major que le général de Sonis, commandant les troupes réunies alors à Châteaudun, avait compris tout ce que le Perche offrait de ressources à un petit corps d'armée bien dirigé.

Apprenant l'entrée des Bavarois dans le Perche, il avait demandé au gouvernement de Tours l'autorisation de marcher sur la Loupe, afin de les tourner et de les exterminer tous.

La chose n'eut pas lieu, sans doute parce que l'autorisation ne fut pas accordée.

Toujours est-il qu'on fit là une grande faute,

qui amena le ravage d'une contrée qu'on ne sut pas défendre.

On ne saurait dire quelle quantité de bétail le Perche fournit à la voracité allemande!

Le 25 novembre, dix mille hommes de troupes françaises arrivent vers cinq heures du soir.

Le lendemain soir, à neuf heures, toutes celles qui campaient à Châteaudun reçoivent l'ordre de se replier sur Beaugency, sur Patay, sur Orgères. L'armée bavaroise marchait de Nogent sur Châteaudun, et l'on ne se croyait pas en mesure de lui résister.

En moins d'une heure, la ville est complètement évacuée. Le sous-préfet part à minuit par un train qui emporte tous les fonctionnaires ayant une caisse à sauver.

Quelques heures après, trois détonations à intervalles inégaux, semblables à trois coups de canon, réveillent avec terreur les habitants. On croit que l'ennemi arrive pour recommencer un 18 octobre.

C'était un pont du chemin de fer qu'on faisait sauter, afin d'intercepter les communications.

Le 27, vers cinq heures du soir, les Bavarois entrent en ville par le faubourg Saint-Jean, tambours et musique en tête, avec un nombre considérable de fourgons, remplis des dépouilles du Perche.

J'étais à la sous-préfecture, seul avec le professeur de troisième du collège : — c'était là que je logeais depuis que le collège avait été transformé en ambulance. — Trois Bavarois se présentent, comme trois sbires, chargés d'une mission inquisitoriale. L'un d'eux, officier, me prenant pour le sous-préfet, me demande à voir la caisse. « La caisse ! la « caisse ! me dit-il d'un air féroce, je veux la « caisse. »

J'ai beau lui dire qu'il n'y a pas de caisse à la sous-préfecture, que la sous-préfecture n'est pas un lieu de recettes, il veut qu'on en trouve une et qu'on la lui remette à l'instant.

Je le fais entrer au petit salon : ce n'est pas cela qu'il cherche ; je le mène au grand : *nicht ! nicht !* C'est la caisse et toujours la caisse ; il n'en veut pas démordre. Il visite au rez-de-chaussée tous les coins et recoins, courant après cette malheureuse caisse qu'il regarde déjà comme lui ayant été dérobée. Il pénètre dans les bureaux où il croit mettre la main dessus ; enfin, entré dans le cabinet du sous-préfet, il ne trouve au fond d'un tiroir qu'un paquet de tabac et quatre cigares qu'il empoche; puis se retire, après avoir placé des sentinelles à la porte avec défense de me laisser sortir. J'étais prisonnier.

Je ne fus libre qu'une heure après, quand tout le corps d'armée fut entré dans la ville. Il était nuit, et je rencontrai les colonnes bavaroises qui se rendaient dans leurs logements dans l'ordre le plus parfait.

Ces troupes paraissaient fatiguées ; un grand nombre d'hommes manquaient de chaussures ; quelques-uns avaient des sabots, d'autres marchaient nu-pieds.

Le lendemain, à trois heures du soir, le général von der Tann arrive en voiture couverte et capitonnée avec ses chiens et son état-major. Il s'installe à la sous-préfecture, où un logement lui avait été préparé la veille.

Toutes les chambres, même celle que j'occupais, furent prises par les officiers de sa suite.

J'abordai l'un d'eux et me fis connaître en réclamant mon droit de possession. Celui à qui je m'adressais n'avait pas l'air trop farouche ; il me fit rendre ma chambre, et se montra aussi poli qu'un Prussien pouvait l'être alors à l'égard d'un Français.

Vers quatre heures et demie, un autre officier, gros et grand, qui me sembla le majordome du général — car tout se faisait par ses ordres, — me fit demander. Il désirait que le maire ou son premier adjoint vînt lui parler. Il me chargea d'aller à l'hôtel de ville prévenir du besoin immédiat qu'il avait de s'entendre avec l'un ou avec l'autre.

Il s'agissait de faire dîner, aux dépens de la municipalité, le général et sa suite.

Quand on a de pareils hôtes, un refus ne serait pas de saison.

On fit donc dîner M. le baron von der Tann et les siens. Le dîner fut copieux et l'appétit fort grand.

On but et on mangea comme boivent et mangent les Allemands. On s'en aperçut le lendemain quand ils furent partis.

La soldatesque bavaroise imita ses chefs ; partout elle laissa des traces de son passage : on signala partout un effluve d'entrailles comme on n'en vit jamais; les portes, les murailles, les tapis, les parquets, les corridors, les lits, les rideaux, les placards, les seuils en sont remplis, et l'on n'eût pas trouvé dans toute la ville assez de chlore pour purifier les maisons où elle logea. *Fœdissima ventris proluvies...*

Avant de partir, le général fit appeler la cuisinière et lui tint ce langage, qui me fut répété deux heures après par la cuisinière elle-même :

« Je vous ai promis un pourboire si j'étais « content de vous. Votre dîner a été excel- « lent. Je veux me montrer généreux ; je vous « donne, en paiement de vos peines, tout le « mobilier de la sous-préfecture : glaces, pen- « dules, lits, matelas, etc., et vous allez l'em- « porter tout de suite chez vous. »

Confuse, et sentant le ridicule d'un pareil pourboire, comme ce pauvre diable à qui le caprice d'un conquérant vaniteux et fou donnait jadis par dérision une ville tout entière, elle refusa.

« Ah ! vous refusez ! Eh bien ! comme tout « ici m'appartient et que je puis en dispo- « ser comme je l'entends, je m'en vais tout « briser, tout détruire. »

Et déjà, dans ce but, il tenait le chapiteau de la magnifique pendule du salon, quand la cuisinière, mieux avisée, s'écria :

« Général, ne brisez rien : j'accepte ce que « vous me donnez; mais, comme je ne puis « tout emporter dans ce moment, permettez-

« moi de revenir dans la journée pour enlever « le reste. »

C'est ainsi qu'elle conserva au département pour environ quinze mille francs de mobilier.

La veille au soir, j'eus occasion de me trouver dans une maison particulière où logeait un officier d'ordonnance du général. Ce ne fut que plus tard que je sus son nom, car il voulait rester inconnu. Il se nomme le baron Unterrichter. Sa famille, qui est fort riche, m'a-t-on assuré, habite aux environs de Ratisbonne, où elle jouit de la plus grande considération. C'est un jeune homme d'une trentaine d'années, blond comme un Allemand, aux manières aisées, engageantes, d'un caractère communicatif, spirituel, aimable comme un homme de bonne compagnie et qui a fréquenté le grand monde; il s'exprimait parfaitement en français.

Né dans le Tyrol, il a vécu à Venise, nous a-t-il dit; en 1866, il a servi l'Autriche contre la Prusse et s'est trouvé à Sadowa.

C'est par esprit d'aventures qu'il s'est mis, pour la guerre actuelle, au service de la Prusse, sans avoir pour elle une grande sympathie; ce n'est pas non plus par haine pour la France; il aime au contraire ce pays, dont il estime le caractère franc et généreux, et il serait au comble de ses désirs s'il y trouvait une alliance conforme à ses goûts. « J'en suis bien « fâchée pour vous, dit alors une dame qui se « trouvait à mes côtés. Vos vœux ne se réali- « seront pas. Du moment que vous êtes avec « nos ennemis, seriez-vous le prince Char- « mant, auriez-vous tous les trésors de la Ca- « lifornie, vous ne trouveriez pas en France « une Cendrillon qui voulût de vous. » Cette vive repartie le fit rire et lui donna occasion de répondre par des paroles fort gracieuses sur l'amabilité des dames françaises.

Pendant le dîner, et surtout après, alors que le jeune baron était en verve de causer, la conversation s'engagea naturellement sur la guerre actuelle et les événements qui en furent la suite.

Il vanta la puissance de la Prusse, ses forces considérables et son organisation militaire, contre laquelle aucun État de l'Europe ne pouvait lutter.

« Vous en avez la preuve, dit-il avec une « fierté toute germanique, dans la capitula- « tion de Sedan et dans celle de Metz. Nous « avons trois cent mille Français prison- « niers. »

A ces paroles, je l'interrompis :

« Puisque vous parlez de Sedan, lui dis-je, « permettez-moi de faire une réflexion et de « vous dire que votre roi a manqué là une « belle occasion d'acquérir la renommée d'un « grand homme.

« De telles occasions sont rares ; il faut sa- « voir les saisir. Il avait renversé l'Empire, « fait prisonnier, avec toute sa suite et son « armée, l'empereur qui l'avait provoqué.

« Son honneur était satisfait. Il avait d'ail- « leurs déclaré que c'était à l'homme et non à « la nation qu'il faisait la guerre. Si alors il « eût proposé, ou, si vous aimez mieux, ac- « cepté à des conditions raisonnables la paix « qu'on lui offrait, sa gloire eût égalé celle des « rois les plus célèbres de l'histoire. Il pou- « vait ajouter au succès de ses armées le mé- « rite plus précieux d'une modération qui eût « conquis les sympathies d'un grand peuple, « et la paix était durable.

« Mais en marchant sur Paris, en faisant la « guerre comme il la fait, par l'incendie, le pil- « lage et le meurtre, il n'a montré qu'un sen- « timent bas, ou de vengeance, ou d'ambition « démesurée. Pour le satisfaire, il a fait égor- « ger des centaines de mille d'êtres humains,

« affligé des familles sans nombre, répandu la « misère chez deux nations ; car la vôtre, mon- « sieur, souffrira de cette guerre autant que la « France. Ce pillage, que vous pratiquez si « méthodiquement chez nous, partout où « vous passez ; cet or que vous trouvez, dites- « vous, en si grande abondance, et que vous « enlevez par droit de conquête, ne rendront « l'Allemagne ni plus riche ni plus heureuse.

« Vous connaissez ce vieux proverbe, con- « sacré par l'expérience et la sagesse des na- « tions : Bien mal acquis ne profite pas.

« Lisez l'histoire ; lisez celle de Napoléon Ier.

« Que sont devenus ces principautés, ces du- « chés, ces majorats qu'il avait créés dans les « pays conquis pour enrichir ses généraux ? « A sa chute, il n'en est pas resté trace, et la « France, après vingt ans de guerre et de suc- « cès, se trouva pauvre, épuisée d'hommes et « d'argent.

« C'est qu'on ne viole pas impunément le « droit et la justice ; ce ne sont pas choses qui « se tuent ou qui périssent.

« Tôt ou tard, ils reparaissent avec d'autant « plus de force et d'autorité qu'on a voulu « plus longtemps les étouffer dans la cons- « cience humaine.

« Il en sera de même de cette guerre de « 1870, qui se fait de votre part d'une manière « si atroce, si destructive.

« Ses conséquences les plus certaines, je « vous le répète, seront pour l'Allemagne « peu de gloire, et pour les deux nations un « grand épuisement d'hommes et un accrois- « sement considérable dans leur dette pu- « blique.

« Seulement, la France, voyez-vous, a une « vitalité et des ressources qui lui permettront « de se relever promptement. Je ne connais « pas assez l'Allemagne et les moyens dont « elle dispose pour dire quand et comment « elle pourra réparer ses pertes; mais il lui « faudra du temps, et l'or, l'argent et les « choses précieuses qu'elle nous enlève ne la « rendront pas plus prospère.

« Je suis encore à me demander par « quelle étrange aberration d'esprit, dans ce « siècle de lumière, de civilisation et de « progrès, les peuples consentent à mettre « ainsi à la merci des rois leurs intérêts les « plus chers. »

Ces considérations le surprirent, mais le touchèrent peu. Son âme manquait de cette élévation philosophique qui conçoit la grandeur d'un peuple, non dans l'agrandissement de son territoire, ni dans l'entretien d'armées formidables et toujours menaçantes, mais dans le travail pacifique qui développe la richesse de son sol, augmente ses relations extérieures, et contribue au bien-être universel par l'activité de son industrie et l'exportation de ses produits. Il aimait la guerre; et la guerre, pour lui, c'était la défaite d'un côté et la conquête de l'autre. Aussi me répondit-il par l'étrange argument tiré de ce qu'aurait fait la France si elle avait été victorieuse : « Elle eût « demandé, dit-il, un accroissement de terri- « toire; nous, nous demandons l'Alsace et la « Lorraine. »

Il était difficile, lui vainqueur, et moi au nombre des vaincus, de nous entendre. Si je lui présentais le récit exact et trop véridique des cruautés prussiennes dont nous avons été les témoins, Ablis, Varise, Civry, Châteaudun; si je lui soutenais qu'un peuple attaqué dans ses biens, dans son honneur, dans ses affections, dans ce qu'il a de plus cher, a le droit de se défendre comme l'homme à qui on vient demander la bourse ou la vie, il baissait la tête, gardait le silence ou changeait adroitement la conversation. Ce côté des événements l'embarrassait. Il eût mieux aimé qu'on n'éveillât pas en lui une sensibilité que la guerre n'avait pas éteinte.

Il convint cependant que l'armée prussienne avait éprouvé de grandes pertes, qu'un million d'hommes étaient sortis de l'Allemagne, et que déjà les deux cinquièmes avaient disparu.

Quant à Paris, les armées allemandes, selon lui, savaient tout ce qui s'y passait. Bismarck chaque jour en était instruit, et la ville, qui manquait de tout, ne pouvait plus tenir longtemps.

Voici la marche que son esprit donnait aux événements :

« Après-demain, dit-il, nous serons à Or-
« léans, dans huit jours à Tours et dans trois
« semaines nous entrerons à Paris.

— « Reprendre Orléans, lui répondis-je, est
« difficile (l'événement prouva combien je me
« trompais) ; Tours, plus difficile encore. Mais
« Paris, vous ne le prendrez que par la famine,
« et il ne la craint pas encore. Les vivres, quoi
« que vous en disiez, y sont encore abon-
« dants, si j'en juge par ce que j'ai vu moi-
« même et appris dix jours avant qu'il fût
« investi. Il peut tenir encore trois mois.

— « Trois mois! s'écria-t-il. Eh bien! je « vous parie ma tête contre la vôtre que nous « y entrerons avant le 1er janvier. Tenez le « pari; étant plus jeune, j'engage plus que « vous. »

C'était contestable. Si le baron était plus jeune, il se trouvait aussi plus exposé et sa vie pouvait finir avant la mienne.

Quoi qu'il en soit, Paris n'a pas succombé avant le 1er janvier, et, selon les conditions de la gageure, la tête du baron m'appartient. Je la réclamerai, mais en homme qui a horreur du sang et qui ne tue pas (1).

Il n'aimait pas Gambetta ni les sous-préfets de la République. Selon lui, Gambetta faisait un mal considérable à la France; les sous-préfets en général, et celui de Châteaudun en particulier, étaient d'exécrables menteurs, qui ne donnaient que de fausses nouvelles pour tromper les populations.

« Vous en avez, dit-il, en ce moment sous « les yeux un exemple frappant aux portes de « la sous-préfecture, où l'on peut lire une dé- « pêche annonçant de prétendus succès au « Mans par les troupes françaises. Or, il n'y

(1) Voir à la page 143 la lettre au baron Unterrichter.

« a eu jusqu'à présent aucun engagement au « Mans. »

M. le baron aimait sans doute à se tromper lui-même, et peut-être aussi à tromper les autres, car la dépêche dont il voulait parler n'annonçait pas des succès au Mans, mais à Mantes, en Seine-et-Oise : ce qui était bien différent.

Je ne dois pas omettre une scène d'un autre genre, scène de stupide barbarie, qui se passa à la sous-préfecture le 28 novembre, vers cinq heures du soir.

J'ai dit que le sous-préfet avait fui dans la crainte d'être fait prisonnier, comme il l'aurait été, sans aucun doute, s'il fût resté chez lui.

Le baron von der Tann, ne le trouvant pas, fit retomber toute sa fureur sur les bureaux de la sous-préfecture : il donna l'ordre de brûler tout ce qu'ils renfermaient.

Je vis alors huit à dix Bavarois, conduits par le majordome du général, qui, fier d'un pareil rôle, se donnait une activité digne d'une meilleure action, apporter à brassées les registres, les papiers, les cartons, et les jeter sur un brasier allumé dans la cour.

Cinq ou six autres forts gaillards, à l'aide de longues perches, secouaient à tout moment cette masse énorme pour en activer la combustion. Les flammes de ces papiers ainsi remués montaient jusqu'aux fenêtres du premier étage ; elles répandirent l'épouvante dans tout le quartier et firent croire que toute la sous-préfecture était en feu.

Les papiers qui furent ainsi brûlés n'avaient aucune valeur ; on avait caché ceux qui pouvaient être utiles.

Le 29 novembre, entre huit et neuf heures du matin, toute l'armée bavaroise quitta Châteaudun et prit la route de Toury, à la poursuite de l'armée française.

Comme elle laissait une cinquantaine d'hommes fatigués, la municipalité eut ordre, sous peine de voir le reste de la ville brûlé — formule prussienne, — d'avoir à fournir pour dix heures quatre voitures de transport.

A cette heure, nous entendons le canon. C'est un combat d'avant-poste que soutiennent les tirailleurs de la Gironde aux environs de Varise ; ils font éprouver de grandes pertes à l'ennemi ; mais eux-mêmes sont décimés faute d'être secourus.

Dans la journée, on me communique la traduction d'une lettre écrite par un officier supérieur allemand à sa femme, et laissée par oubli chez M. Renou, notaire et premier adjoint, où il logeait. La voici :

« CORRESPONDANCE-CARTE

« DU LIEUTENANT SUPÉRIEUR OTTO SCHMITT

« *Destination : Kempten, rue du Soleil*, 165.

« Châteaudun, le 28 novembre 1870.

« Ma très chère Marie,

« Hier, nous avons cru faire la rencontre « des Français pour leur livrer bataille ; mais « ils se sont encore sauvés par le chemin de « fer, et, comme toujours depuis trois se- « maines, nous les poursuivons sans pouvoir « les atteindre.

« Quand donc Paris tombera-t-il et la guerre « finira-t-elle ? C'est effrayant ce que nos sol- « dats souffrent par les temps humides que « nous avons.

« Leurs chaussures sont complètement « usées ; une grande partie marchent sur « leurs bas ou en sabots ; nos bataillons fon- « dent de jour en jour, et les hôpitaux se rem- « plissent d'une manière effrayante.

« Je me suis vu forcé d'envoyer Brefensdorf « à l'hôpital de Versailles, à la suite d'une « chute de cheval où il s'est démis la cheville « du pied. Dieu merci! moi et mes officiers « sommes encore bien portants.

« Combien de temps cela durera-t-il? Dieu « le sait.

« Aujourd'hui, je me trouve à Châteaudun, « ville qui a été bombardée d'une manière « effrayante le 18 octobre. Il est impossible de « la décrire : la moitié au moins est en cen- « dres.

« Je souhaiterais pouvoir vous présenter « Gambetta et en même temps lui inspirer « des idées de paix. O Dieu! que c'est ef- « frayant!

« Qui donc à la fin pourra-t-il nous donner « une solution?

« Priez Dieu sans cesse pour la paix.

« Adieu!

« Que Dieu conserve ton Otto! »

Cet Otto Schmitt, qui se plaint tant de la guerre et de sa durée, qui invoque Dieu et souhaite si ardemment la paix, est ce même Otto Schmitt qui brûlait sans pitié la petite ville d'Ablis et qui menaçait de mort quatorze de ses habitants, si les prisonniers faits le 8 octobre par les francs-tireurs n'étaient pas rendus immédiatement.

On connaît la réponse du gouvernement à cette insolente menace. Les quatorze habitants d'Ablis furent rendus à la liberté.

CHAPITRE V

L'ambulance irlandaise. — Reprise d'Orléans par les Prussiens. — Passage des Bavarois et des Wurtembergeois. — Les francs-tireurs et les uhlans. — Panique générale. — L'affaire de la Madeleine.

Une avalanche d'étrangers, sous la dénomination d'ambulance irlandaise, vint s'abattre sur Châteaudun dans les premiers jours de novembre, cherchant un local pour s'y installer.

Elle avait pour chef et pour interprète un Français venant du Havre, nommé X., qui connaissait plusieurs langues; il avait voyagé un peu partout, mais principalement en Allemagne, où il avait laissé de nombreux amis, et je crois même que son frère s'y trouvait encore.

Son long séjour dans ce pays, les relations

qu'il y conservait, son habitude de la langue allemande, et peut-être d'autres intérêts plus puissants, avaient donné à ses affections une tendance germanique qu'il ne parvenait pas toujours à dissimuler.

Elle se manifestait surtout au détriment de nos officiers; il se plaisait à rabaisser leur mérite et à exalter celui des officiers prussiens, dont il vantait la courtoisie, la distinction des manières, la délicatesse et la grandeur des sentiments; mais il usait de ces éloges avec infiniment d'habileté, et dans des circonstances propres à servir ses vues et à préparer le rôle d'intermédiaire et de modérateur entre les exigences de l'ennemi et les alarmes trop souvent renouvelées de la population dunoise.

M. X. visait à la décoration; et il fut décoré.

Le 15 novembre au soir, le maire et M. Moisant, conseiller général et conseiller municipal, vinrent me prier de mettre le collège à la disposition de l'ambulance irlandaise, ajoutant qu'on me trouverait à la sous-préfecture un logement où je serais bien.

Dès le 10 août, prenant l'initiative aussitôt après le départ des élèves, j'avais proposé à la municipalité de transformer l'établissement en ambulance pour y installer des blessés, dans le cas où l'on nous en enverrait de nos armées, offrant de fournir tout le mobilier dont je pouvais disposer, tel que couchettes, matelas, sommiers, couvertures, etc.

La demande qui m'était faite, et M. le maire le savait, était en parfait accord avec mes sentiments, et j'y adhérai de tout cœur. Je me réservai dans la maison deux pièces seulement pour y déposer le mobilier que je ne laissais pas au service des blessés, et l'ambulance prit possession du collège le 18 novembre.

Tout y était propre et en bon état; la plupart des salles avaient été blanchies à la chaux pendant les vacances : elles étaient par conséquent en d'excellentes conditions de salubrité.

Il n'y avait plus qu'à les entretenir et à veiller à ce que la propreté s'y maintînt.

Je ne fus pas longtemps sans m'apercevoir, ainsi que les quelques personnes qui avaient entrée à l'ambulance, que la direction manquait. Il n'y avait dans l'administration ni ordre, ni économie, ni savoir-faire : on n'avait pas l'idée de ce qu'il faut pour assurer le service régulier d'un établissement de ce genre.

Les infirmiers, tous étrangers et ne parlant

pas le français, n'entendaient rien de ce qu'on leur demandait ; et quand les malades avaient besoin de quelque chose, personne n'était là qui les comprît et qui pût le leur donner.

Il y avait donc des souffrances qui n'étaient point soulagées immédiatement et à propos, et le dévouement manquait là où il était la condition du devoir qu'on avait à remplir.

Tel était le premier et grave inconvénient d'une ambulance formée d'hommes qui ne savaient pas un mot de la langue de ceux qu'ils étaient appelés à soigner.

Il y en avait d'autres. La propreté n'existait nulle part. Dans les classes, on avait mis des chevaux dont le fumier s'entassait dans la cour et faisait, en suintant, des cloaques d'eau sale et puante qui rappelaient ce qu'on a dit des écuries d'Augias.

Des salles où se trouvaient les blessés et des corridors s'exhalait une odeur infecte et repoussante, qu'on ne cherchait par aucun moyen à faire disparaître; les lavages étaient rares, et l'usage du chlore inconnu.

M. X., le chef de l'ambulance, montrait cependant une certaine activité, visitait chaque jour la maison, donnait des ordres, mais les ordres n'étaient pas exécutés. Il ne paraissait pas avoir sur son personnel une autorité sans conteste.

D'un autre côté, les garçons infirmiers, gens rustres, grossiers, violents et ivrognes, faisaient bon marché des restes de nos malheureux blessés, qu'ils jetaient, après l'amputation, comme ils auraient fait de ceux d'un chien.

Ils s'attribuaient un droit absolu dans la maison, disposant à leur gré et selon leur convoitise de tout ce qui s'y trouvait; et les chefs étaient indifférents à ces désordres ou impuissants à les réprimer.

L'envahissement de la sous-préfecture par le général von der Tann et son état-major le 28 novembre, l'incendie qui eut lieu dans la cour des papiers que contenaient les bureaux, l'effroi que ma femme en éprouva, le besoin de veiller un peu sur ce que j'avais laissé au collège, m'obligèrent à y revenir.

Je me logeai dans une des chambres que j'y avais réservées et qui se trouvait encombrée de meubles, de caisses et de livres. J'y étais mal ; mais je me résignais à cette gêne momentanée : le malheur des temps le voulait ainsi. Je m'y trouvais encore mieux qu'une infinité de personnes restées sans abri.

Retiré dans mon coin et occupé à l'étude, seule chose qui pût distraire un peu l'esprit des maux de la patrie, je croyais n'être un embarras pour personne.

Je me trompais.

Mon retour au collège ne fut pas agréable au chef de l'ambulance ; ma présence parut le gêner. Craignait-il un observateur et un juge? ce que je n'avais pas l'intention d'être, assurément. Je ne sais. Toujours est-il qu'il eût mieux aimé me voir ailleurs, et il ne tarda pas, avec la finesse tant soit peu normande de son caractère, de prendre ses dispositions pour me faire partir.

Sous prétexte d'insuffisance de local pour loger son monde, alors cependant qu'il y avait encore des salles inoccupées, il prétendit que tout le collège lui appartenait, que le maire lui en avait donné l'entière jouissance pour en disposer selon ses besoins et comme il le jugerait à propos, ajoutant, avec un air de mépris bien marqué, qu'à la rigueur, comme le maire le lui avait, disait-il, déclaré, la ville ne devait pas me loger, et que c'était par complaisance et faveur qu'on m'avait donné un appartement à la sous-préfecture.

C'était une insulte, une impertinence calculée. Je n'étais pas homme à la supporter.

« Puisque vous le prenez sur ce ton, monsieur, lui dis-je, permettez-moi de vous faire « observer que vous manquez aux égards que « vous devez à mon âge, qui est double du « vôtre ; vous oubliez que c'est moi qui ai fait « tous les frais pour l'installation de votre ambulance ; que c'est moi qui vous ai fourni « *spontanément, gratuitement*, les moyens « de remplir un devoir d'humanité, qui me « semblait être le motif sérieux de votre arrivée à Châteaudun ; vous oubliez que je suis « chez moi et que vous n'êtes pas chez vous, « et que le rôle si connu du personnage de la « comédie française n'est plus de saison.

« A la prière du maire et de M. Moisant, — « vous le savez, puisque vous accompagniez « ces messieurs, — mais au nom de l'Université, dont je suis ici le représentant, et qui « possède le collège par contrat synallagmatique, je vous l'ai abandonné, à la réserve « du petit coin que j'occupe actuellement ; et « cet abandon n'implique nullement le droit « que vous voulez vous arroger.

« Je vous le déclare donc : je suis ici, et j'y « resterai. »

M. X., qui ne s'était pas attendu à cette résistance et à cette affirmation des droits de l'Université et des miens, fut tout déconcerté, et le débat en resta là.

Mais, à partir de ce moment, le mot d'ordre fut donné. Je devins l'objet des insultes et des menaces des valets de l'ambulance. Les chefs eux-mêmes, les médecins irlandais aussi, ne montrèrent pas que le titre de docteurs dont ils se targuaient leur eût donné des sentiments plus élevés et appris au moins la politesse.

Cependant, des événements plus sérieux se passaient autour de nous.

L'armée française et l'armée bavaroise s'étaient enfin rencontrées dans les plaines de Patay et de Loigny, où elles avaient engagé de formidables combats d'artillerie.

Pendant trois jours, les 1er, 2 et 3 décembre, par une froidure excessive, la canonnade se fit entendre sans interruption depuis neuf heures du matin jusqu'à la nuit.

Les détonations étaient si pressées, si successives de part et d'autre, qu'on eût dit un bruit de tonnerre continu.

On tirait plus de soixante coups à la minute, et le sol tremblait à une distance de plus de trente kilomètres.

Les populations voisines suivaient avec anxiété et espérance les différentes péripéties de ces longs engagements; ils eurent d'abord pour résultat de faire reculer l'ennemi, qui se mit à fuir en désordre dans différentes directions. Vingt cavaliers bavarois arrivent tout effarés à Saint-Péravy et se livrent à la première personne qu'ils rencontrent à l'entrée du village. Notre victoire eût été complète si nous avions eu de la cavalerie pour achever la déroute. Mais, ne se voyant pas poursuivis, les Bavarois, ramenés par leurs chefs, reviennent à la charge et reprennent l'avantage.

Notre armée est obligée de battre en retraite, après une résistance opiniâtre et des prodiges de valeur.

Le général de Sonis, qui la commandait, et qui a montré dans cette journée un grand talent militaire, fut grièvement blessé (1).

Cette défaite eut pour conséquence la reprise d'Orléans, qui fut réoccupé par les Bavarois dans la nuit du 5 au 6 décembre.

Nos troupes se replièrent en bon ordre; mais, dans leur précipitation, elles laissèrent à l'ennemi un nombre considérable de canons

(1) Voir la note sur le général de Sonis, page 149.

de marine, qu'elles eurent cependant le temps d'enclouer.

Le 7, vers dix heures du matin, cinquante cavaliers wurtembergeois se présentent à l'hôtel de ville de Châteaudun et demandent du pain et de la viande. C'est l'avant-garde de deux mille fantassins qui se dirigent vers la Ferté-Saint-Aubin par la route de Beaugency. Ils stationnent quelques heures à Nermont. Ce sont les mêmes qu'on avait signalés la veille à Marboué.

Le 11, vers trois heures du soir, cent cinquante Bavarois arrivent de Bonneval avec une dizaine de cavaliers qui servent d'éclaireurs.

Ils se logent dans les maisons de la place et dans quelques maisons des rues avoisinantes. Ils devaient le lendemain s'installer à la caserne, lorsque, ce jour-là, vers quatre heures du soir, ils apprennent par leurs éclaireurs que les francs-tireurs de la Gironde et de la Bretagne arrivent à marche forcée pour les surprendre.

En moins de quinze minutes, ils sont réunis sur la place et se hâtent de fuir vers Bonneval.

Vingt minutes après, les francs-tireurs traversent la ville et marchent à leur poursuite avec une trentaine de cavaliers. Mais la nuit tombait; un brouillard épais couvrait l'atmosphère, et la poursuite n'alla pas au delà d'un kilomètre.

Deux Bavarois restés en ville furent faits prisonniers.

Cette expédition, mieux dirigée, devait amener la prise ou la mort des cent cinquante Bavarois. Mais on se laissa surprendre par les uhlans, qui parcouraient toutes les routes avec une vigilance extrême et qui donnèrent l'éveil.

On pouvait les éviter ou les faire tomber dans une embuscade : c'est le dessein qu'on avait eu. Mais le coup manqua par la faute et l'imprudence des mobiles chargés de ce soin, qui ne surent pas garder leur sang-froid et tirèrent trop tôt.

C'était un peu leur habitude. Soit inexpérience, soit crainte, ils ne savaient ni calculer les distances ni attendre à portée l'arrivée de l'ennemi et tirer juste, faute d'avoir été exercés au maniement du fusil. C'est que le bon soldat ne s'improvise pas, et, dans la guerre, le sang-froid fait la valeur.

Le commandant des francs-tireurs avait

d'ailleurs mal pris ses mesures. Au lieu de mettre en tête de sa troupe les hommes armés de fusils à baïonnette, — car on devait prévoir dans les rues un combat à l'arme blanche, — il y avait placé ceux qui n'avaient qu'une simple carabine.

Quand il s'aperçut de cette méprise, il était trop tard.

On perdit vingt minutes dans un changement de front, et ce retard sauva les Bavarois.

Le lendemain 13, vers une heure, une scène des plus émouvantes et des plus terribles se passa.

Douze cavaliers bavarois, venant de Brou, traversent le faubourg Saint-Jean avec leur sécurité habituelle, et sans se douter d'aucun danger.

Châteaudun était pour eux ville conquise, et rien n'empêchait plus le vainqueur de visiter chaque jour un domaine qu'il avait soin chaque jour aussi de rançonner, pendant qu'il en était maître.

Ils entrent au petit pas, longeant la rue de la Madeleine, et arrivent sur la place, où les francs-tireurs, embusqués, les attendent. Ils reçoivent à bout portant une décharge qui n'atteint qu'un homme et son cheval.

Le château (d'après une photographie).

Surpris et saisis d'épouvante, ils se mettent à fuir à toute bride à travers les rues devenues désertes. Partout on fait feu sur eux, mais avec cette précipitation qui manque toujours d'effet.

Leur course effrénée et vertigineuse les emporte dans toutes les directions.

Hors d'eux-mêmes, affolés de terreur et la sueur au front, ils ne savent où se réfugier.

Un escalier de deux cents marches, par où l'on monte près du château de la ville basse dans la ville haute, se présente ; ils n'hésitent pas ; ils en descendent, eux et leurs chevaux, les rapides degrés, sans se rendre compte d'un autre danger qu'ils courent dans cette descente étroite et difficile ; ils espèrent pouvoir s'échapper par là. Mais toutes les issues sont gardées ; les francs-tireurs sont partout et reçoivent l'ennemi par de nouvelles décharges qui ne sont pas plus meurtrières que les précédentes.

Cette chasse à l'homme dura environ une demi-heure et se termina par la prise des Bavarois, qui n'eurent que deux morts, un blessé légèrement et un cheval tué.

Les francs-tireurs remontent le Mail sur les chevaux des prisonniers, suivis d'une foule de curieux accourus à ce spectacle nouveau.

Cette expédition des francs-tireurs, qui partirent la nuit suivante, avec leurs prisonniers, rejoindre leur corps d'armée, jette la plus grande inquiétude dans certains esprits toujours prêts à s'alarmer. Ils craignent une vengeance de l'ennemi, qui peut rendre la ville responsable des prisonniers qu'on lui a faits. Ces craintes se propagent et se fortifient par un avis officieux que le maire de Bonneval transmet à celui de Châteaudun : il y est dit qu'un officier prussien avait déclaré dans la journée du 14 que Châteaudun serait bombardé le lendemain, comme conséquence rigoureuse du guet-apens de la veille.

La municipalité s'émeut, s'assemble, délibère, et décide qu'on priera le chef de l'ambulance, qui passait pour avoir auprès des officiers prussiens une sorte d'influence diplomatique, d'aller à Bonneval parlementer avec le général allemand.

Alors l'effroi redouble; beaucoup de personnes fuient; un grand nombre ne se couchent pas et passent la nuit dans des appréhensions mortelles, comme des condamnés qui ont à peine vingt-quatre heures à vivre. La situation est pire qu'au 18 octobre.

Au fond, les menaces de l'ennemi étaient-elles sérieuses? Ce n'était pas la première fois qu'il en faisait. C'était chez lui, nous l'avons vu, un moyen habituel d'intimider les faibles pour obtenir ce qu'il désirait, semblable à ces gens qui font la grosse voix pour se rendre plus redoutables.

Ne l'avons-nous pas vu, le 29 novembre, nous menacer aussi d'un bombardement si, dans deux heures, la municipalité n'avait pas trouvé un nombre suffisant de voitures pour transporter une quarantaine de blessés qui ne pouvaient pas suivre le gros de l'armée?

Le 6 novembre, un fait semblable à celui du 13 décembre avait eu lieu sous les murs de Châteaudun.

Les francs-tireurs avaient tué ou blessé une trentaine de hussards. A la nouvelle reçue, les mêmes menaces avaient été proférées à Orgères, et Châteaudun n'avait pas été bombardé.

Ces réflexions, que chacun se faisait en s'abordant, produisirent toutefois des divergences d'opinion.

Les uns, considérant les Prussiens comme d'affreux brigands chez qui l'instinct de destruction est aussi naturel que l'instinct de rapacité, qui s'attaquaient aux citoyens inoffensifs et sans armes, aussi bien qu'à des armées régulières, n'attendaient d'eux aucune pitié. Ils les croyaient capables de toutes les atrocités possibles. Les exemples étaient là pour justifier leur opinion.

Les autres, s'appuyant sur des considérations d'humanité et de civilisation, ne pouvaient admettre qu'une ville fût rendue responsable d'un fait de guerre auquel aucun de ses habitants n'avait pris part, qu'elle n'avait pu empêcher, et qui se produit inévitablement quand deux avant-gardes ennemies se rencontrent.

Telle était la situation des esprits quand le chef de l'ambulance est délégué par le conseil municipal vers Bonneval en qualité de parlementaire, accompagné de la supérieure des *Dames de la Providence*.

Les Prussiens consentent à ne pas bombarder Châteaudun, mais demandent une rançon de dix mille francs. La somme parut lourde pour une ville qui avait déjà tant souffert.

Les délégués le savent; ils insistent pour affranchir Châteaudun de toute rançon. Ils représentent, avec une chaleur de cœur digne de la cause qu'ils défendent, que la ville doit être considérée d'autant moins responsable du fait qu'on lui reproche que, chaque jour, elle donne des preuves de sa neutralité impartiale en recevant dans son ambulance, sans distinction de nationalité, les blessés qu'on lui amène, et que tous, Français et Allemands, sont soignés avec la même sollicitude, la même humanité.

Le général prussien finit par s'adoucir et lever la contribution de guerre.

Le 15, à midi, l'ennemi arrive et envahit la place de sa cavalerie et d'un peu d'infanterie. Mais, sur la route de Chartres et dans la rue de Bel-Air, c'est tout un corps d'armée qui s'avance avec des voitures et de l'artillerie; on l'évalue à environ trois mille hommes.

L'administration municipale est consignée à la mairie, avec défense d'en sortir; elle y passe la nuit du 15 au 16.

A deux heures, on publie l'ordre de remettre aux Prussiens toutes les armes qu'on possède, sous *peine de mort*.

Des perquisitions doivent être faites à trois heures dans toutes les maisons.

Quelques armes seulement sont apportées et livrées; mais un assez grand nombre de personnes détruisent celles qu'elles possèdent ou les cachent de manière à ce qu'elles échappent à la visite.

On ne fit point de perquisition.

Le 16, arrivent encore des troupes.

A dix heures, un ordre est donné et publié par le maire, enjoignant aux hommes de rester chez eux : défense à eux de circuler dans les rues.

Mais la terreur succède bientôt à la terreur.

Un fait des plus graves, et dont on ne peut d'abord calculer les conséquences, vient de se passer.

Soudain, dans l'après-midi, le bruit se répand comme un coup de foudre qu'on a tiré sur un Prussien pendant qu'il faisait sa prière à la Madeleine.

On l'a trouvé grièvement blessé au bras droit, gisant près de l'église, sur la descente rapide par où l'on communique avec le quartier du Val-Saint-Aignan.

A cette vue, la fureur de l'ennemi est à son comble. Pour la satisfaire, il se précipite dans la Madeleine, à l'Hôtel-Dieu, au tribunal civil, situé en face; il prétend qu'il y a là des francs-tireurs, des armes qu'il cherche et qu'il ne trouve pas. Il saccage l'église, la sacristie, tire sur les orgues, brise au tribunal tables, pendules, armoires, etc. Il veut qu'on lui livre le coupable immédiatement, ou le reste de la ville va être incendié sans miséricorde.

Le conseil municipal est assemblé ; le curé de la Madeleine, celui de Saint-Valérien, le

Église de la Madeleine (d'après une photographie).

conseil de fabrique, tous les gens d'église sont traînés à l'hôtel de ville et plus ou moins maltraités.

Une canne à épée, trouvée chez le curé de Saint-Valérien, exaspère encore l'ennemi, qui en tire toutes les conséquences propres à justifier sa fureur.

Mais le coupable ne peut être livré : personne ne le connaît, personne ne l'a vu.

Cependant, on parvient à s'expliquer, et l'ennemi, toujours habile à calculer ses intérêts, semble se radoucir. Il ne brûlera pas la ville, mais il exige cinquante mille francs d'indemnité, et il les exige de manière qu'il n'y avait plus à discuter : c'était son *ultimatum*.

La ville s'exécuta; mais, en versant les cinquante mille francs qu'elle eut bien de la peine à trouver, elle demanda et obtint qu'une enquête serait faite et que les cinquante mille francs seraient rendus s'il était démontré que personne n'avait tiré sur le soldat prussien.

C'est que déjà la lumière commençait à se faire. On avait des raisons de croire que l'accident ne s'était pas produit comme le prétendaient les Prussiens.

Le soldat blessé, transporté chez les *Dames de la Providence*, où il mourut, avait été trouvé dans un état complet d'ivresse. Ce n'était point pour prier, mais pour voler, et, comme il le déclara lui-même avant d'expirer, pour faire des saletés sur l'autel, qu'il était entré dans l'église avec deux de ses camarades, aussi ivres que lui.

Le rapport fait par deux médecins prussiens, logés chez M. Anthoine, également médecin, démontra que le coup, au lieu de venir d'en haut et du fond de l'église, comme on l'avait dit d'abord, était parti d'en bas et avait été tiré à bout portant; que, dans ces conditions, la blessure ne pouvait s'expliquer autrement qu'en supposant ou que le soldat s'était blessé lui-même, ou qu'il avait été blessé par ses camarades, qui, ensuite, avaient pris la fuite.

Cette dernière explication fut admise comme indubitable. D'ailleurs, la balle fut retrouvée, et c'était une balle prussienne.

Les rôles étaient changés, grâce à la sagacité persévérante de M. Anthoine, qui dirigea les médecins chargés de l'enquête, et qui contribua à démontrer scientifiquement comment les choses avaient dû se passer.

L'évidence ainsi faite, les cinquante mille francs furent rendus. Mais ce qui ne fut pas réparé, ce sont les angoisses qui ont agité pendant plus de six heures toute la population; ce sont les dégâts causés au tribunal civil et à la Madeleine, ce sont les actes de brutalité, d'insolence, commis envers les membres de la municipalité et du clergé.

Des femmes même furent maltraitées.

Les jours suivants, passent continuellement des troupes ennemies se dirigeant sur Vendôme, par Cloyes et Courtalain.

Divers combats ont lieu de ce côté; mais, envahis comme nous le sommes, aucune nouvelle ne nous parvient. Nous ne savons ce qui se passe à dix kilomètres de nous; nous vivons complètement isolés du reste de la France; un cercle prussien nous entoure et ne laisse rien pénétrer.

Toute la journée du 21, nous voyons passer une suite considérable de voitures, caissons, affûts sans canons, artillerie, cavaliers et fantassins, se dirigeant, les uns par la route de Chartres, les autres par la route de Toury. On évalue ces troupes à vingt-cinq mille hommes. Le duc de Mecklembourg les commande. Elles emmènent avec elles une quarantaine de prisonniers français.

Ce jour-là, une conscience prussienne se révéla.

Au 19 octobre, un sous-officier saxon, logé chez M. Renou, notaire, enleva pour trois cent mille francs de valeurs déposées en son étude.

Cet homme eut-il ensuite des remords, ou se vit-il dans l'impossibilité de négocier les valeurs? Double hypothèse dont l'une est plus admissible que l'autre.

Nous supposons qu'il avait plus d'honnêteté et de conscience que son illustre compatriote, le chancelier de la Confédération du Nord, qui prend, lui, mais ne rend pas, et que, dans un moment d'oubli du droit et de la justice, il se laissa entraîner à un sentiment national de convoitise. Toujours est-il qu'étant de passage à Châteaudun, il déclara, avec sa bonhomie allemande, qu'il était l'auteur du vol, qu'il avait envoyé en Prusse les valeurs dérobées, mais qu'il avait l'intention de les rendre à leur propriétaire, moyennant une récompense dont il ne fixa pas le chiffre (1).

Depuis le 19 décembre, nous avions une garnison bavaroise, avec un commandant de place, qui avait succédé à une garnison de pur sang prussien.

Pour des raisons stratégiques que j'ignore, elle quitta la ville le 23 et alla camper à Montboissier, au delà de Bonneval, nous délivrant

(1) Ces valeurs provenaient d'un legs fait à la ville, et étaient déposées provisoirement chez le notaire, en attendant les formalités requises pour la mise en possession.

ainsi de sa présence, qui coûtait cher. On la logeait, on la nourrissait, ce qui n'arrêtait pas, à l'occasion, les brutalités et le pillage du soldat. Il devenait d'autant plus exigeant que le pays, épuisé par de nombreuses et fréquentes réquisitions, avait moins à lui donner.

Il restait encore quelques caves bien fournies qui avaient échappé à ses recherches; elles furent découvertes, fouillées et vidées.

Ainsi, chaque passage, chaque séjour emportait une partie des fortunes particulières et diminuait d'autant la fortune publique.

ÉPILOGUE

Maintenant que tout le pays est occupé, chaque jour, passent, allant à Vendôme ou en revenant, revenant d'Orléans ou y allant, de nombreuses voitures, tantôt chargées, tantôt vides, accompagnées seulement de quelques cavaliers. Dix hommes, dix Français, suffiraient pour s'emparer de tous ces convois. Mais qui oserait?

Le passage s'effectue avec autant de sécurité que pourraient le faire nos troupes elles-mêmes.

Partout, les Prussiens s'imposent aux populations, qui, sous l'empire de la terreur, s'empressent de leur apporter ce qu'elles auraient peut-être refusé à nos soldats, par ce sentiment d'égoïsme qui ne voit que soi et non la patrie.

Elles pensent ainsi sauver quelques débris de leur fortune. Il est trop tard; pour la plupart, la ruine est là, qui leur fait payer bien cher l'indifférence des premiers jours.

Les événements ont démontré cette vérité: c'est que, dans les calamités publiques, il faut un dévouement général, il faut que tous les citoyens, animés d'un sentiment commun d'abnégation, concourent au même but : le salut de la patrie.

Le salut de la patrie est le salut de chacun.

A dire vrai cependant, qu'auraient pu faire des populations sans armes, sans direction, sans chefs, sans entente, sans unité entre elles, dont toutes ne comprenaient pas suffisamment jusqu'où doit aller la solidarité qui incombe à tous les membres d'une même nation?

Dans des proclamations à grand effet, on leur rappelait bien 93, et l'élan patriotique qui, à cette époque, se manifesta de toutes parts et qui sauva la France. Mais tout esprit qui raisonnait un peu sentait que la différence était grande entre ces temps d'enthousiasme et les nôtres, et que, les conditions de la guerre étant changées, les conditions de la défense devaient l'être aussi.

Il a donc fallu subir les dures lois de la nécessité; mais on les a subies la rage dans le cœur, la haine dans l'âme et la honte au front, maudissant un gouvernement imbécile qui n'a pas même su mourir avec l'honneur.

Dans ces circonstances, Châteaudun fut une noble exception; il ne craignit pas de se sacrifier pour la patrie, et la patrie reconnaissante a inscrit son nom pour jamais dans ses fastes.

APPENDICE

Lettre écrite le 14 juillet 1871 au baron Unterrichter pour lui rappeler les conditions de la gageure faite le 28 novembre 1870.

Monsieur le baron,

Le 28 novembre 1870, vous avez séjourné à Châteaudun, petite ville de la Beauce, que les Prussiens, vos alliés et vos compatriotes, avaient, le 18 octobre, affreusement incendiée avec du pétrole, après un combat de neuf heures, peu glorieux pour eux, parce qu'ils étaient dix-huit mille contre douze cents, ayant de plus vingt-quatre pièces de canon et des mitrailleuses.

Vous logiez sur la grande place, chez un

pharmacien de mes amis, où nous nous rencontrâmes.

Vous souvient-il de la conversation qui, le soir et après dîner, s'engagea entre vous et moi?

Dans la joie que vous causaient vos succès, après avoir vanté la puissance de la Prusse, ses forces considérables et son organisation militaire, contre laquelle aucune nation de l'Europe ne pouvait lutter, votre imagination, ardemment impatiente, se plaisait à fixer l'époque et même le jour de votre entrée triomphale à Paris, et vous donniez aux événements la marche que voici :

« Dans deux jours, nous serons à Orléans,
« dans huit à Tours, et dans trois semaines à
« Paris. »

Comme je vous contestais cette dernière assertion :

« Eh bien! m'avez-vous dit, je vous parie
« ma tête contre la vôtre que nous entrerons
« dans Paris avant le 1er janvier. »

Le pari fut tenu.

N'étant point entré à Paris avant le 1er janvier, vous avez perdu, et votre tête m'appartient.

En homme d'honneur et en qualité de gentilhomme, vous me la devez : vous avez un engagement à tenir, et je compte sur votre parole.

Mais rassurez-vous, monsieur le baron, je ne suis pas un homme qui tue; j'ai horreur du sang, et j'aime à voir les têtes là où le Créateur les a placées. C'est pourquoi je viens vous proposer une transaction : vous garderez votre tête, qui est précieuse et qui m'embarrasserait fort ; mais vous me donnerez, comme compensation, *dix mille francs*, lesquels seront consacrés à soulager quelques-unes des nombreuses victimes de la guerre.

Cette lettre, comme je le présumais bien, est restée sans réponse, bien qu'elle fût reproduite dans la plupart des journaux français de l'époque.

MONUMENT COMMÉMORATIF

ÉLEVÉ A LA MÉMOIRE

DES DÉFENSEURS DE CHATEAUDUN

Le 18 octobre 1876, jour anniversaire de la glorieuse défense de Châteaudun, on inaugura dans cette ville un monument destiné à perpétuer le souvenir de son héroïsme.

L'inscription que porte la face principale est éloquente dans sa simplicité :

AUX COMBATTANTS

MORTS LE 18 OCTOBRE 1870

Les côtés du soubassement portent les noms des victimes.

Tués : gardes nationaux, 22 ; — francs-tireurs, 35.

Blessés : gardes nationaux, 18 ; — francs-tireurs, 56.

Prisonniers : gardes nationaux, 97 ; — francs-tireurs, 18.

Morts en captivité : gardes nationaux, 4.

Monument commémoratif élevé à la mémoire des défenseurs de Châteaudun (d'après une photographie).

Des discours ont été prononcés par MM. Gouin, maire de la ville; le préfet d'Eure-et-Loir; le général Carrelet; Noël Parfait; Dreux, député de Châteaudun.

Ce dernier, après avoir rappelé à quelle incurie, à quel caprice nous devions nos désastres, a ajouté :

« Si les victimes de cette guerre pouvaient « se relever et parler, n'entendrions-nous pas, « de toutes les plaines où blanchissent leurs « ossements, monter vers nous ce cri una-« nime :

« Français, nos frères, par vos désastres et « par vos deuils, nous vous adjurons! Pro-« fitez de la leçon terrible; ne vous livrez plus « à de prétendus sauveurs; restez vos propres « maîtres; sachez être un peuple qui se gou-« verne lui-même; instruisez-vous; moralisez-« vous; ne cherchez de conquêtes que dans « les œuvres fécondes de la paix, où votre « génie n'a point à redouter les défaites; soyez « unis surtout : c'est là qu'est le salut! »

LE GÉNÉRAL DE SONIS

Le général de Sonis commandait le 17e corps de l'armée de la Loire à la bataille de Patay.

Dans une charge vigoureuse et meurtrière, il eut le genou brisé par un éclat d'obus au coin d'un bois, non loin du village de Loigny, dans l'église duquel ses restes ont été déposés après sa mort, qui arriva le 17 août 1887.

Abandonné sur le champ de bataille au milieu des morts, il dut y passer la nuit par une température des plus rudes, attendant la mort avec résignation. Sa forte constitution le sauva. Recueilli le lendemain, il subit une opération douloureuse, l'amputation de la cuisse.

Comme le général Daumesnil, il n'en continua pas moins son service actif au moyen d'un appareil qui lui permettait de monter à cheval.

Sa mort est une perte pour l'armée.

Voici la lettre de condoléance que le général Ferron, ministre de la guerre, adressa à

Mme de Sonis, quelques jours après la mort de son mari :

« Madame,

« L'armée et le pays viennent de faire une perte irréparable, et je m'associe à votre douleur en rendant hommage à une grande mémoire.

« Personne n'oubliera la conduite héroïque du général de Sonis, qui, tombé sanglant sur le champ de bataille de Patay, n'avait qu'une préoccupation, le sort des troupes qu'il conduisait au combat.

« Les blessures glorieuses reçues en défendant la France ont amené sa mort prématurée, enlevant à l'armée un de ses chefs les plus estimés et au ministre de la guerre un de ses plus vaillants lieutenants.

« Veuillez agréer, Madame, avec l'expression de tous mes regrets, l'hommage de mon profond respect.

« FERRON. »

ESPÉRANCE

Châteaudun! Châteaudun! Brave et noble cité,
Tu vivras à jamais dans la postérité,
A côté des grands noms consacrés par la gloire,
Et que dans ses récits a burinés l'histoire!
C'est qu'en toi l'on retrouve, aussi fiers qu'autrefois,
L'honneur de la patrie et le vieux sang gaulois,
Ce sang qui court rapide, indigné, dans tes veines,
Quand tu vois l'étranger du pied souiller nos plaines,
Et, déployant partout ses cruels bataillons,
Détruire impunément le fruit de nos sillons.
Tu l'as juré : tu veux, généreuse victime,
Donner du dévouement le spectacle sublime.
Le Saxon sous tes murs s'avance... dix contre un!
On capitule ailleurs, tu meurs, toi, Châteaudun!
Mais la mort, c'est la gloire. A leur poste immobiles,
Ainsi trois cents héros tombaient aux Thermopyles.
Cependant, en dépit de ses nombreux renforts,
De l'ennemi longtemps tu soutins les efforts.
Plus son acharnement rendait l'attaque atroce,
Semblable à la fureur d'une bête féroce,
Plus, redoublant tes coups sans reculer d'un pas,
Tu portais dans ses rangs le vide et le trépas;
Et quand il put franchir ton enceinte déserte,

De ses débris sanglants la terre était couverte.
Ah! si dans tous les cœurs cette ardeur eût passé,
Dans sa marche aisément il était dispersé,
Et l'on eût vu bientôt des hordes étrangères
Les restes épargnés repasser nos frontières;
La France était sauvée. Un populaire élan
Eût effacé la honte et l'horreur de Sedan. [tombe
Qui l'empêcha?... Pleurons!... Mais songeons que la
De ceux qui ne sont plus appelle une hécatombe.
France, aux champs d'Allemagne il faut aller l'offrir,
Ou c'en est fait de toi; tu consens à périr.
Non. Ton âme n'est pas à ce point abaissée
Qu'elle puisse un instant vivre sans la pensée
D'un grand deuil à venger. Impuissante aujourd'hui,
Attends ton heure; attends que d'autres jours aient lui.
Résignée à ton sort et morne en ta souffrance,
Imite ton vainqueur et sa persévérance.
Lui, vingt ans de ton nom, de tes splendeurs jaloux,
A rêvé ta ruine et préparé ses coups :
L'union dans sa haine a fait toute sa force.
Comme lui, sois unie et sage; fais divorce
Avec tous les partis d'intérêt divisés :
C'est par eux que toujours nos malheurs sont causés.
Du luxe et des plaisirs les longues habitudes,
La passion de l'or et ses inquiétudes
De la patrie, hélas! ont affaibli l'amour;
L'égoïsme est fatal, et souvent sans retour
Aux gloires du passé fait succéder la honte.
Rome a des toits de chaume, et sa puissance monte
Tant qu'elle sait garder la vertu des vieux temps;
La Grèce unie et pauvre a vaincu ses tyrans.
Mais quand l'indifférence eut altéré les germes
Des premières vertus, que les âmes moins fermes

Au culte du veau d'or se livrèrent sans frein,
On vit tomber la Grèce et l'Empire romain.
Si tu veux retrouver tes jours les plus prospères,
Ramène tes enfants à des mœurs plus sévères ;
Inspire-leur le goût de la simplicité,
L'amour du bien, de l'ordre avec la liberté,
Du travail qui féconde et conduit à l'aisance ;
Qui, sous l'œil de la loi déployant sa puissance,
Guidé par le devoir et libre en ses efforts,
Prodigue incessamment ses précieux trésors.
C'est par là qu'un grand peuple abattu se relève ;
Une paix qui s'impose est une courte trêve.
Le vainqueur aurait pu nous avoir pour amis ;
Il ne l'a pas voulu. Soyons ses ennemis,
Mais acharnés, sans fin, jusques à la vengeance ;
Ainsi qu'il se montra, soyons sans indulgence;
Et, triomphant du sort et de la trahison,
Courons reprendre au Rhin notre vieil horizon.

TABLE DES GRAVURES

TABLE DES MATIÈRES

CHAPITRE V

SAINT-DENIS. — IMPRIMERIE A. PICARD ET KAAN. — 13073.

www.ingramcontent.com/pod-product-compliance
Ingram Content Group UK Ltd.
Pitfield, Milton Keynes, MK11 3LW, UK
UKHW020151220726
13923UKWH00001B/478

9 782019 134297